U0499170

云南师范大学边疆发展与地缘安全省创新团队成果

新驱动西南边疆族地区业结构升级的动力机制：理论与实证

CHUANGXIN QUDONG XINAN BIANJIANG
MINZU DIQU CHANYE JIEGOU SHENGJI DE DONGLI JIZHI:
LILUN YU SHIZHENG

薛勇军　杨春华　时琳　于淑楠　著

中国财经出版传媒集团
经济科学出版社
北京

图书在版编目（CIP）数据

创新驱动西南边疆民族地区产业结构升级的动力机制：
理论与实证/薛勇军等著 . -- 北京：经济科学出版社，
2023. 9

ISBN 978 - 7 - 5218 - 5205 - 9

Ⅰ. ①创⋯　Ⅱ. ①薛⋯　Ⅲ. ①边疆地区 - 民族地区 -
产业结构升级 - 研究 - 西南地区　Ⅳ. ①F127. 7

中国国家版本馆 CIP 数据核字（2023）第 188491 号

责任编辑：孙怡虹　魏　岚
责任校对：王京宁
责任印制：张佳裕

创新驱动西南边疆民族地区产业结构升级的动力机制：理论与实证

薛勇军　杨春华　时　琳　于淑楠　著

经济科学出版社出版、发行　新华书店经销

社址：北京市海淀区阜成路甲 28 号　邮编：100142

总编部电话：010 - 88191217　发行部电话：010 - 88191522

网址：www. esp. com. cn

电子邮箱：esp@ esp. com. cn

天猫网店：经济科学出版社旗舰店

网址：http://jjkxcbs. tmall. com

北京季蜂印刷有限公司印装

710 × 1000　16 开　14. 75 印张　200000 字

2023 年 9 月第 1 版　2023 年 9 月第 1 次印刷

ISBN 978 - 7 - 5218 - 5205 - 9　定价：75. 00 元

（图书出现印装问题，本社负责调换。电话：010 - 88191545）

（版权所有　侵权必究　打击盗版　举报热线：010 - 88191661

QQ：2242791300　营销中心电话：010 - 88191537

电子邮箱：dbts@ esp. com. cn）

前　　言

　　加快西南边疆民族地区的开发、开放以及产业的优化升级是"一带一路"倡议的重要组成部分，是加快西南边疆民族地区经济社会发展的希望和机遇所在。加快西南边疆民族地区的开发开放、产业的优化升级也有利于拓宽民族地区优势产业发展空间，从而加快边疆民族地区的经济社会全方位发展。然而边疆民族地区由于其特殊的地理位置、自然条件等，产业结构升级受到很大限制，如何通过创新驱动加快边疆民族地区产业结构升级是一个值得关注的问题。

　　本书首先提出问题，整理国内外相关研究成果，开展文献分析，构建项目研究的逻辑分析框架，论述研究意义、方法、思路与创新之处，并且说明创新驱动对产业结构升级作用机理的相关理论基础。

　　其次，全面采集案例区——西南边疆民族地区（云南、广西、西藏）2000~2021 年的相关数据，构建项目研究的综合数据库。在数据来源上，这些因变量与自变量数据均来自历年《中国统计年鉴》与《云南统计年鉴》《广西统计年鉴》《西藏统计年鉴》等。进一步分析西南边疆民族地区三次产业产值在 GDP 中所占比重，三次产业对 GDP 的拉动率，三次产业的就业结构，各细分行业产值结构、就业结构，并且分析西南边疆民族地区产业发展绩效。然后，对创新驱动产业结构升级的动力机制理论进行分析。一是对创新驱动西南边疆民族地区产业结构升级动力机制进行理论分析；二是对创新驱动西南边疆民族地区产业结构升级动力机制进行数理模型分析（包括假设条件、模型推导、模型求解等）。运用空间面板数据模型，检验技术创新对西南边疆民族地区产业结构升级的空间溢出效应是否存在。检验结果显示，技术创新对基本案例区——西南边疆民族地区三省（区）产业结构升级空间溢出效应是存在的，技术创新、社会需求对本省（区）产业结构升级的促进作用是显著的。运用结构向量自回归（SVAR）模型实证分析创新驱动西南边疆民族地区产业结构升级的具体驱动作用，也是对理论分析结果进行的进一步实证分析。实证分析结果基本一致，云南、广西、西藏三省（区）产业结构升级受技术创新、社会需求的影响都比较大。也就是说，技术创新、社会需求对西南边疆民族地区产业结构升级的影响是显著的，并且具有一定滞后效应。

最后，得出结论并且进一步总结出相应启示，即加强组织协调力度，强化公共服务能力；做大做强产业集群，拉延产业链；加强基地和园区建设，积极培育和发展龙头企业；深化与东南亚国家产业链合作，积极承接产业转移；强化人才支撑，提高科技创新能力；等等。

本书的分工如下：薛勇军、时琳撰写第一章，薛勇军、于淑楠撰写第二章，薛勇军撰写第三章、第四章、第五章，薛勇军、杨春华撰写第六章；杨春华、时琳负责下载整理本书所需的文献资料，全书由薛勇军统稿、校稿。

目　　录

第一章 导 论

　　产业是一个国家或者一个地区经济增长之基石，经济成长归根到底是由产业成长和产业间循环推动的，因此，建立合理的产业结构，促进产业成长和产业间关系协调，是保证一国或者一地区经济持续稳定协调发展的基础和关键。积极推进经济结构的战略性调整是 21 世纪初中国经济发展的主线，在新时代背景下，要保持经济的健康稳定发展，必须进一步优化产业结构、增强产业竞争力、增加有效供给，促进经济持续健康发展。改革开放四十多年来，西南边疆民族地区产业结构战略性调整的增长效应已初步显现，经济已经迈入一个新的增长时期。近年来，随着国内经济形势发生的巨大变化、全球经济一体化步伐的加快、科技创新速度的加快，以及疫情后全球经济的逐步恢复等，西南边疆民族地区各产业经受了严重的冲击和挑战，产业结构不合理的矛盾日益突出。因此，通过创新驱动西南边疆民族地区产业结构升级，加快西南边疆民族地区产业结构调整步伐，已经成为西南边疆民族地区当前和今后一个时期内最紧迫、最关键的战略任务。

第一节　问题的提出和研究背景

一、问题的提出

随着科技的发展，人类社会步入知识经济时代，知识经济继农业经济和工业经济后产生，对农业经济和工业经济是一种提升。知识经济可以提升农业经济和工业经济的发展水平，农业经济和工业经济也依靠知识经济增添了腾飞的翅膀。也就是说，在知识经济时代，农业和工业必须不断提升其知识含量，走一条通过知识和科技改造传统农业和传统工业的道路。因此，世界各国都在紧张地进行经济结构调整，发达国家经济加快向高科技和资本、技术密集型产业升级。与劳动生产率快速提高相联系，其产业越来越集中在领导世界新潮流的高科技领域，而将劳动和资源密集型制造业向发展中国家转移，在这个过程中，发展中国家也渐渐地变成了"世界工厂"。"世界工厂"固然给发展中国家的经济发展带来了很多好处，但长此以往，传统比较优势势必逐渐消失，如果不能加快产业结构调整的步伐，发展中国家将在新一轮的国际竞争中再次落后于发达国家。因此，发展中国家必须抓住知识经济的机遇，不断对本国经济结构、产业结构进行战略性调整，使之顺应时代发展的潮流。

改革开放以来，中国经济建设取得了空前的发展，工业化程度大幅提高，中国的经济发展到了一个崭新的阶段，在顺利解决温饱问题，实现小康目标之后，产业结构调整逐渐成为国民经济发展的重要课题之一。长期以来，中国产业结构升级的进程十分缓慢，近年来更是进入了调整的疲劳期。因此，积极推进经济结构的战略性调整是

21 世纪初期中国经济发展的主线。在新时代背景下，要保持经济的健康稳定发展，必须进一步优化产业结构，增强产业竞争力，增加有效供给，促进经济持续健康发展。经过"十三五"时期的政策实施后，社会发展阶段发生了一定变化，产业体系建设产生了一定成果，这就要求"十四五"时期的产业政策转向以促进产业升级为重点，带动结构调整优化，为经济高质量发展提供产业支撑，聚焦产业链水平的提升，实现经济高质量发展。推动产业结构升级，能够减少区域经济差异，缩小贫困差距，提升产业合理化和高级化水平，促进经济高质量发展。

2021 年 3 月 16 日出版的第 6 期《求是》杂志，发表了习近平总书记的重要文章《努力成为世界主要科学中心和创新高地》，强调要充分认识创新是第一动力，提供高质量科技供给，矢志不移自主创新，坚定创新信心，着力增强自主创新能力。创新是引领发展的第一动力，大幅度提升科技创新能力，将我国建设成为以技术创新为核心的创新型国家，这有利于促进我国产业结构升级，有利于推动我国经济高质量发展。习近平总书记在党的二十大报告中强调，坚持创新在我国现代化建设全局中的核心地位，加快实施创新驱动发展战略，加快实现高水平科技自立自强，加快建设科技强国。从创新投入的角度来看，截至 2021 年，我国研发（R&D）经费支出已经达到了 2.79 万亿元，占国内生产总值比重已经达到了 2.44% 的水平，随着创新投入的不断增加，创新带来的收益也在逐步提升，创新驱动在产业结构升级过程中始终扮演着重要的角色，以技术创新为核心的创新驱动是产业结构升级的必然选择。改革开放四十多年来，以大量劳动力投入、大规模投资和生态环境破坏为代价的经济增长模式已经日益成为经济增长的阻力，这在西南边疆民族地区表现得尤为突出。随着产业结构的不断调整，西南边疆民族地区产业结构也逐渐朝向合理化和高级化方向发展，但是总体上看，西南边疆民族地区的产业结构状况与我国平均水平仍有差距，这充分体现出，西南边疆民族地区的产业结构升级面临的问题亟须重视与解决。因此，产业结构升级是推动西南边疆民族地区经济高质量发展的关键环节，是改善西南边疆民族地区经济发展环境的关键一步，也是当前亟须解决的实际问题。

当前产业结构不合理问题也在影响着西南边疆民族地区经济的高质量发展，各地应在创新驱动策略下，不断提升科技实力、竞争实力，优化传统的产业结构，积极为新兴产业做好布局调整，以此带动西南边疆民族地区产业结构升级，促进西南边疆民族地区经济高质量发展。因此，利用创新驱动策略不断地调整西南边疆民族地区产业结构，优化西南边疆民族地区产业布局，为促进西南边疆民族地区经济高质量发展、加快转变西南边疆民族地区经济发展方式提供了强大动力。创新与产业结构升级之间的内在联系已成为当前值得关注的问题之一。但是，现有的文献资料中，仍比较缺乏创新与西南边疆民族地区产业结构升级之间关系的研究成果。本书应用数理模型推导、空间面板数据模型、结构向量自回归模型，系统、全面且深入地研究了创新与西南边疆民族地区产业结构升级之间的关系。以上构成了本书研究的主要内容。

二、研究背景

本书研究西南边疆民族地区产业结构升级，是深受珠江三角洲地区产业结构升级的影响与启发。自改革开放以来，珠江三角洲作为我国沿海开放地区，享受了不少其他内陆省份所没有的优惠政策。40多年来，珠江三角洲地区较快地步入了工业化阶段，产业结构战略性调整的增长效应已初步显现，经济已经迈入一个新的增长时期。近年来，国内外市场的竞争加剧，使珠江三角洲地区各产业经受了严重的冲击和挑战，产业结构不合理的矛盾日益突出。珠江三角洲地区的经济发展是以"三来一补"劳动密集型产业起步的，但是发展程度提高后产业结构升级却较为缓慢，以至于级别更高的产业（信息技术等高科技产业）形成于长江三角洲地区。在长江三角洲产业迅猛发展的同时，以装备制造业为主的资本密集程度更高的产业开始在东北等老工业基地出现。

改革开放前，上海制造业曾占据着国内市场的半壁江山，2000年之前，广东出产的产品对中国市场也大有"一统天下"之势。但是，珠江三角洲地区的企业绝大多数是从事电子、服装、玩具、皮革等加工制造业的劳动密集型企业，很多企业依靠低工资来实现产品的低成本，产品利润空间十分狭小，承受劳动力成本上升的能力有限。自2003年底以来，从珠江三角洲地区开始，我国沿海经济发达地区出现了农民工短缺的现象。珠江三角洲地区的劳动力短缺已经成为常态，不仅技工短缺，普工同样短缺，而且劳动力严重短缺的部门正好是该地区的主导产业——电子、服装等加工制造业。从2007年底开始，珠江三角洲地区的劳动密集型产业遇到的挑战可谓空前，导致了一些劳动密集型企业破产或者外迁等现象。"民工潮"向"民工荒"等一系列外部条件的转变对出口导向型为主的珠江三角洲经济产生了前所未有的冲击。以劳动力成本上升、原材料和土地价格上涨等为特征的珠江三角洲模式的局限性逐渐显现，制造业发展暴露出一系列深层次问题。据此，珠江三角洲地区发展劳动密集型产业的比较优势已经逐步消失，按照二元经济结构理论，"刘易斯拐点"① 已经在珠江

① 大多数发展中国家都要经历一个二元经济发展的过程。二元经济的突出特征是：农村劳动力的剩余为工业化提供低廉的劳动力供给，工人工资增长缓慢，城乡收入差距扩大。这个过程将一直持续到劳动力从无限供给变为短缺为止。在二元经济发展阶段，一个国家或地区可以通过具有生产性的人口结构，为经济增长提供人口红利；二元经济结构转换的关键是传统人口红利的消失以及经济增长方式的被迫转变。二元经济理论是由著名经济学家刘易斯提出的，劳动力的这种从无限供给到短缺的转变，被称为"刘易斯拐点"。在此拐点之前，经济增长主要依靠劳动和资本等要素的投入，而转折发生之后，经济增长则主要依靠劳动生产率的全面提高。

三角洲地区劳动力市场上出现。因此，如果不及时对珠江三角洲地区产业结构进行调整和升级，就会严重影响珠江三角洲地区经济的长期发展。在这种情况下，加快产业结构的调整步伐，增强竞争能力，已经成为当时珠江三角洲地区较为紧迫和关键的战略任务。

以珠江三角洲地区产业为代表的外向型传统产业主要通过两条途径进行调整：向中西部地区和低劳动成本的国家转移；就地升级转型，向创建自主品牌和高附加价值化的方向发展。产业升级首先是在劳动密集型产业内部完成的，并不一定发生资本、技术密集型产业对劳动密集型产业的替代现象。珠江三角洲地区将服装、针织等劳动密集型产业大规模转移到欠发达地区，在东莞等地区大力发展资金、技术密集型产业，实现劳动密集型产业向资金、技术密集型产业的结构调整。针对产业转移面临的转移成本和物流成本是否低于企业转移到低劳动成本地区的收益以及单个厂商的转移可能失去产业链配套体系的支持等问题，转出地政府和转入地政府也做了一定协调，出台鼓励产业转移的政策，尽量设法降低厂商的转移成本，为产业转移创造了良好的外部环境。珠江三角洲地区产业结构升级转型的重点是发展高新技术产业和现代服务业。

但是对于珠江三角洲地区来说，产业结构升级的目标不是放弃原有的制造业优势，不能采用大力发展资金密集型产业和技术密集型产业替代劳动密集型产业的产业结构升级政策，而应该用现代服务业来提升和包装传统制造业，创建自有品牌，走"第三意大利"的道路，由"世界工厂"变身为"世界设计室"和"世界名牌原产地"，以高档品牌的文化价值空间来消化成本上升的压力。具体来说，珠江三角洲地区应充分利用我国香港特区作为世界最具竞争力的服务业中心的优势，通过引进香港特区的生产性服务业来为珠江三角洲地区制造业的升级转型服务。与发展制造业主要依靠硬件基础设施的支撑有所不同；发展现代服务业更加需要法律、人力资源、产权、信用等软性基础设施的支持。

西南边疆民族地区的经济发展和产业发展均滞后于全国其他地区，2021 年，我国国内生产总值（GDP）总额为 114.92 万亿元。其中，云南省地区生产总值为 2.71 万亿元，占全国 GDP 总额的 2.36%；广西壮族自治区地区生产总值为 2.47 万亿元，占全国 GDP 总额的 2.15%；西藏自治区地区生产总值为 0.21 万亿元，占全国 GDP 总额的 0.18%。西南边疆民族地区经济发展在全国总体范围内均处于低位圈，这也充分体现了欠发达地区发展不均衡、不充分问题是当前中国必须改善的问题之一，西南边疆民族地区产业结构升级也应该引起高度重视，受珠江三角洲地区产业结构升级的影响与启发，西南边疆民族地区产业结构升级的空间也很大。事实上西南边疆民族地区产业升级的空间也确实比较大，西南边疆民族地区第一产业占比逐年降低，二、三产业占比逐年提高，且第三产业占比最高。其中，云南、广西两省（区）的二、三产业发展最快，也最具潜力，西藏的一、二、三产业发展相对欠缺，有较大的发展空间。

加快产业结构的调整步伐，增强竞争能力，已经成为西南边疆民族地区当前和今后一个时期内最紧迫、最关键的战略任务。如果不及时对西南边疆民族地区产业结构进行调整和转型升级，就会严重影响西南边疆民族地区经济的长期发展。随着科技的不断发展，国家和地区间的竞争日趋激烈。发展特色产业是实现边疆民族地区发展和国家稳定、实现经济增长的重要因素。同时，应结合新时期我国科技、经济发展的宏观形势，充分认识科学技术在产业发展中的重要作用，认真研究如何加快优势特色产业开发，促进边疆民族地区经济和社会发展。在这种情况下，研究西南边疆民族地区的产业结构升级问题就很有现实意义，而且在经济全球化的特定背景中，顺应世界经济发展的趋势，以习近平新时代中国特色社会主义思想统领产业结构调整和转型升级，也具有十分重要的意义。

第二节 国内外相关文献评述

以创新驱动产业结构升级为主题，本节对国内外相关文献进行了评述。首先，介绍产业结构相关理论；其次，介绍创新驱动的作用与地位，分析产业结构升级影响因素，分析创新驱动对产业结构升级的作用，在此基础上分析产业结构升级路径；最后，对现有文献进行评述。

一、产业结构相关理论

国外关于产业结构升级方面的研究已经有比较成熟的理论。西方对于产业结构的思想萌芽可以追溯到 17 世纪和 18 世纪，英国资产阶级古典政治经济学创始人配第在 17 世纪总结出工业比农业、商业比工业附加价值多的原因关键在于产业结构的不同。1776 年著名经济学家亚当·斯密（Adam Smith）提出要增加国民财富就要提高经济结构的效率，而提高经济结构的效率又首先依赖于分工的发展。这是产业结构理论的重要思想来源。产业结构理论的发展主要得益于 20 世纪一批西方学者的开拓性研究。著名经济学家库兹涅茨（Simon Smith Kuznets）于 1966 年在《现代经济增长》一书中提出产业结构收入决定论，他认为经济总量变化可以引起产业结构变化。

凯速托（Masakazu Katsumoto）和瓦塔比（Chihiro Watanabe）于 2004 年对 100 个国家近 20 年来的国民收入与产业结构变量进行了分析，发现国民收入水平的增加能够刺激有效需求的增加，从而促进一国的产业构成由制造业导向转为服务业导向，也证明了库兹涅茨收入决定理论的有效性。1935 年新西兰经济学家费希尔（Ronald Fisher）

提出了三次产业的说法，为后来产业结构研究提供了必要的统计资料。1940 年英国经济学家克拉克（Colin G. Clark）根据三次产业的分类，应用回归分析方法对多个国家的统计资料进行了研究，科学地总结出了三次产业间劳动力分布随着经济发展的变化规律。1954 年美国发展经济创始人刘易斯（William Arthur Lewis）提出了"二元经济结构模型"，指出发展中国家的经济由传统部门和现代部门两个不同的经济部门组成。

1958 年美国发展经济学家赫尔希曼（Albert Otto Hirschman）提出发展中国家必须按照"平衡增长路线"发展，把有限的资源有选择地投入某些行业，使有限的资源最大限度地发挥其促进经济增长的作用。美国经济学家罗斯托对产业主导部门在产业间的扩散效应作出了规范，认为这种扩散效应是指某些部门在各个历史阶段的增长中，起到了"不合比例增长"的作用。霍夫曼（W. G. Hoffmann）于 1931 年提出霍夫曼定理，揭示了一个国家或地区的工业化进程中工业结构演变的规律。瓦塔比（Chihiro Watanabe）于 2001 年对全球性的技术溢出效应对产业发展战略的影响进行了分析。

美国经济学家科林·克拉克（Colin G. Clark）于 1940 年提出"配第—克拉克"定理①，西蒙·库兹涅茨（Simon Smith Kuznets）于 1941 年提出倒"U"型曲线假说理论。刘易斯在其二元经济结构模式中指出增加资本主义部门的资本积累是经济发展的关键，将吸收更多的农业剩余劳动力。在此之后，1961 年发展经济学家古斯塔夫·拉尼斯（Gustav Ranis）和费景汉（John C. H. Fei）在刘易斯的二元

---

① 1672 年古典政治经济学家威廉·配第（William Petty）发现了经济社会中"工业比农业的收入高，而商业又比工业收入多"的现象，指出世界各国国民收入水平的差距和经济发展阶段的不同，关键在于产业结构的不同。克拉克则分析了产业结构高变动率与人均产值的高增长率之间的关系，并提出了配第—克拉克定理（Petty - Clark Theorem），即随着经济的发展和人均收入水平的提高，劳动力会从第一产业向二、三产业转移，并且人均收入水平的进一步提高会促进劳动力由第二产业向第三产业转移。

经济结构发展模式上作出了补充和发展，进一步强调农业劳动力转移的先决条件应该是由于劳动生产率的提高而出现农业剩余产品，经过发展后的模式被称为刘易斯—拉尼斯—费景汉模式。

二、创新驱动的作用与地位

1942 年熊彼特（Schumpeter J. A.）提出了创新理论，并确定了创新的两种主要模式：Mark Ⅰ 是"创造性破坏"，Mark Ⅱ 是"创造性积累"。他在《资本主义、社会主义与民主》（*Capitalism, Socialism and Democracy*）一书中强调，经济结构的创造和破坏不是通过价格竞争而是依靠创新的竞争来实现的，并且还通过运用新的生产函数不断实现新的组合来解释企业家创新对经济发展的影响。1990 年波特（Porter M. E.）在利用钻石理论考察竞争中的经济发展的过程中，首次提出了创新驱动的概念，他将国家经济发展的阶段分为生产要素驱动、投资驱动、创新驱动以及财富驱动这四个阶段。他认为创新驱动是国家竞争优势的主要来源之一，并能够促进经济繁荣发展。因此，创新作为促进经济增长的关键因素开始得到深入的研究。

2019 年克莱顿·克里斯坦森（Clayton M. Christensen）认为科技创新不再是可有可无的点缀，而是生存的必要条件，众多行业通过创新获取了较大的经济收益。1980 年帕萨·达斯古普塔和约瑟夫·斯蒂格利茨（Partha Dasgupta & Joseph Stiglitz）认为，影响行业绩效的重要因素是利用创新带来的低成本优势和产品改进优势，产业产出的增加取决于创新带来的需求增加、技术进步和专利所属权。卢夫（Loof, 2005）认为，创新和生产率之间存在着一致的正相关关系，即创新能够促进劳动生产率的提升，创新的研发在经济发展与企业竞争方面具备足够的优势。史蒂芬·安德罗（Andriole, 2020）认为，创新是经济增长的命脉，如果企业希望增加收入，就必须进行创新。他列举了一些因未能创新而发展停滞的公司，包括柯达、施乐、诺基亚、百事达、雅虎、摩托罗拉等。他认为创新的必要性是真实的，如果被忽视，可能会带来毁灭性的后果。

三、产业结构升级影响因素

韩健、李江宇（2022）通过构建双向固定效应、中介效应和调节效应三种回归模型，探讨了数字经济发展对产业结构水平的影响，研究发现数字经济发展与产业结构高度化水平之间呈正相关关系，且能抑制产业结构偏离均衡状态，提高产业结构合理化水平。吴宁、刘钻阔（Wu & Liu，2021）构建空间计量模型，分析了高等教育对中国产业转型升级的影响，研究发现，产业结构升级与高等教育之间存在正相关的关系，高等教育不仅影响该地区的产业结构升级，也影响周边地区的产业结构升级。吴嘉琦、闵维方（2022）运用固定效应模型，探讨了教育对产业结构升级的影响和作用机制，研究发现教育的投入和产出能够有效促进产业结构升级。刘成昆、李舒瑜等（Liu & Li et al.，2019）构建面板阈值模型，考察了人口老龄化对产业结构升级的影响作用，研究发现人口老龄化对整体产业结构升级具有双门槛效应，其影响先增大后减小，显著促进了升级进程。曾瑶（2022）运用门槛模型，探讨了人口老龄化对产业结构服务化和技术化的影响作用，研究发现，在东部、中部和西部地区，人口老龄化对产业结构服务化均起着显著的促进作用，而在中部地区，人口老龄化对产业结构技术化起着抑制作用。汪海飞（2022）运用面板数据回归模型，探讨了新型城镇化和服务业高质量发展对产业结构升级的影响，研究发现我国新型城镇化及服务业高质量发展均显著推动了产业结构升级，新型城镇化的推动作用显著强于服务业高质量发展。孙伟增、牛冬晓等（2022）运用固定效应，探讨了高铁建设对产业结构的影响，研究发现高铁开通对城市产业结构升级有着显著的促进作用。关于产业结构升级的驱动因素方面的研究成果也有不少，如：梁树广（2014）分析了外国直接投资（FDI）、人力资本、社会需求、基础设施、固定资产投资、城市化、产业政策等方面对产业结构升级的作用机理。毋姣（2017）分析了国际贸易、人力资本、制度以及科学技术对产业结构升级的作用。包伟杰（2018）从需求因素（用 GDP 衡量）、国际直接投资额、国际贸易额、研发投入等角度对中美产业结构演进进行了实证分析。刘艺璇（2019）分析了技术创新、消费需求、金融发展、对外开放和资源供给五个因素对产业结构升级的影响。马晶晶、徐瑞、胡江峰（2019）分析了财政支出、贸易、人口等因素对产业结构升级的影响。虽然学者们基于各自研究对象的特性，提出的产业结构升级的驱动因素都不完全相同，但是大体都包括消费需求因素、投资需求因素、技术创新因素、外贸因素等。

四、创新驱动对产业结构升级的作用

从创新驱动对产业结构升级的影响作用角度来看，佛朗哥·马莱尔巴、卢吉·奥塞尼哥（Malerba & Orsenigo，1997）认为，创新水平的提升是产业结构演进的一个基本特征。雷切尔·恩盖、克里斯托弗·皮萨里德斯（Ngai & Pissarides，2007）认为，创新在产业结构优化和转型升级中发挥着重要作用。国内部分学者对此也有相似的看法，如：钟诗韵、徐晔等（2022），宋林、张杨（2020），黄海清、魏航（2022）运用面板数据回归模型，验证了创新驱动对产业结构升级的影响作用，研究发现创新驱动对产业结构升级起着显著的促进作用。

从产业结构升级需要创新投入作为支撑的角度来看，伊萨克森（Isaksen，2020）认为，产业结构的调整和升级需要建立在对创新的资金支持上，传统制造业的企业已经成功地将现有资产用于数字化，以提升企业的创新能力，加速产业结构转型升级。我国学者也有相似的观点，高素英、钦彦祥等（2017）运用 ESDA、静态和动态空间面板模型，发现创新资金投入对本地产业结构优化升级具有明显的促进效应。蔡玉蓉、汪慧玲（2018）运用分位数回归法，考察了创新投入对产业结构升级的影响机制，研究发现创新投入对产业结构升级均具有强烈的正向驱动效应，能够显著提升产业层次水平，推动产业结构升级。

此外我国学者的研究视角还聚焦在创新驱动产业结构优化升级的路径以及互动关系上，如：王希元（2020），蔡玉蓉、汪慧玲（2018）利用面板数据回归模型，验证了创新驱动产业结构升级的多重路径。包则庆、林继扬（2020），袁航、茶洪旺等（2019）构建 PVAR 模型，考察了创新与产业结构升级之间的互动关系。毕克新、付珊娜等（2017）运用结构方程模型，考察了制造业产业升级与低碳技术突破性创新的互动关系。

随着空间经济计量学的兴起，空间经济计量学在各个领域也得到了广泛应用，由于空间经济计量学考虑到了变量之间存在的空间相关性，采用空间经济模型，比采用经典的计量模型，所得到的结论更能准确地反映客观现实问题。在创新领域，国内一些学者如纪玉俊、李超（2015）构建空间权重矩阵，运用空间误差模型，考察了地区创新与我国产业升级的关系。郑威、陆远权（2019），单勤琴（2020）运用空间杜宾模型，验证了创新驱动对产业结构升级的空间溢出效应。

五、产业结构升级路径

国内学者对产业结构升级评价及升级路径也进行了积极的探索。唐德祥、孟卫东（2008）运用面板数据模型考察了我国以 R&D 为基础的技术创新与产业结构升级的关系，实证结果显示，R&D 支出对产业结构升级具有显著的促进作用，在此基础上进一步分析了 R&D 对产业结构升级的作用机理和路径依赖，由此得出结论与政策建议。王俊鹏、陈玉和、黄茂生（2006）运用灰色关联理论，构建了区域产业结构的优化程度评价模型，并运用该模型对青岛市的产业结构的优化程度进行了评价，这既验证了该方法的可行性，又为青岛市产业结构优化提供了借鉴。蔡德发、傅彬瑶（2011）根据产业升级评价层次性和产业升级评价信息灰性的特点，选择多层次灰色评价法来对黑龙江省产业升级程度进行评价，根据评价过程中所得权重大小的比较，得出产业升级的四条主要路径：促进技术进步、利用外商投资、大力发展高新技术产业、促进产业可持续发展和资源有效利用。宋晓文、袁国敏（2005）根据投入产出模型，利用线性规划方法，建立了中国的产业结构优化模型。利用中国 2000 年投入产出表有关数据，对中国产业结构优化进行了实证分析。林春艳、李富强（2011）对区域产业结构优化的研究文献进行了梳理和评述，阐明区域产业结构优化模型构建与评价方法研究的最新进展，为更深层次地研究我国区域产业结构优化提供了一个参照平台，并为我国经济结构调整和发展方式转变问题的解决提供了参考。

李博、胡进（2008）从分析产业结构优化升级（高度化和合理化）的机制及其与经济增长（非均衡增长和均衡增长）的关系入手，定义了在理想情况下产业结构优化升级的最优路径。在此基础上，建立一套基于静态投入产出模型的产业结构优化升级测度方法，并利用

1997 年、2002 年和 2005 年全国投入产出表提供的数据具体测度了这一时期中国产业结构的高度化水平和合理化程度，对产业结构优化升级的趋势进行了分析。结果表明，这一时期中国产业结构的整体高度化水平和合理化程度出现先升高后降低的趋势，各产业的实际情况与理想情况仍然存在不同程度上的偏差。李慧媛（2010）首先构建了产业结构优化升级的表现指标，运用因子分析法对我国 30 个省份的产业结构发展水平做出了客观评价；其次应用 Panel – Data 模型，从主导行业、科技投入、开放程度以及能源利用效率四个角度对我国产业结构优化升级的影响因素进行了实证研究，并取得了研究结论；最后得出对策建议。李丽丽（2010）首先从"标准结构"、产业结构升级系数、霍夫曼比例等方面研究了吉林省产业结构演变特征；其次，通过吉林省主导产业选择，找出了吉林省产业结构调整的路径依赖；再次，基于结构效益基准，利用 DEA 方法计算的影子价格来测度吉林省产业结构合理化的程度，找出吉林省产业结构调整的方向；最后，提出了吉林省产业结构优化升级的对策建议。许奇浩（2008）运用层次分析法构建了一套包含 3 个一级指标、21 个二级指标的基于循环经济的区域产业结构优化的评价指标体系，并选用杭州和宁波作为研究的实证对象。通过分析发现杭州和宁波两地在产业结构调整中的不足是较为明显的，比如：两地产业结构高度化不够，现代服务业则有待发展；产业结构合理化不够，未形成人才集聚效应；产业结构可持续化较好，但提升空间还很大。针对这种情况，给两市提出了相应政策建议。徐鹏远（2011）将层次分析法、专家咨询法与灰色理论结合起来。首先，利用层次分析法和专家咨询法确定各个评价指标的权重；其次，利用灰色理论得出其综合评价值；最后，以天津市滨海新区为例做实证研究，阐述滨海新区的基本概况，分析其经济运行的基本状况和当前产业结构的发展状况，构建了滨海新区产业结构评价的指标体系，运用多层次灰色理论分析方法对其进行评价，并对评价结果进行分析，提出当前存在的问题，为其发展提出一系列政策建议。冯芳芳（2009）将通过分位数回归与面板数据回归得出的估计结果进行对比，深入分析了区域产业结构优化与不同影响因素之间的关系，并且提出了相关政策设计。梁冰（2011）通过回归分析的方法分析了广东省产业升级的影响因素，并比较了韩国与广东省经济发展模式在不同阶段体现出的相似性，为广东省当前面临的产业升级问题提供借鉴。胡玉霞、潘恩（2012）通过对甘肃省三次产业产值之比和三次产业就业之比进行数据分析，发现产业经济效益、二元经济、资源与生态环境、劳动力素质是推进甘肃产业结构升级的突出问题，认为科学、合理地选择主导产业群和全面调整就业结构是甘肃省优化产业结构的关键。魏喜成（2008）认为区域产业结构决定区域经济实力，区域内需求、供给和产业政策等三个因素是决定区域产业结构优化的主要因素，其就这三个因素如何对区域产业结构优化产生影响进行了深入分析。

六、对现有文献的评述

（一）现有文献的不足之处

国内外学者针对创新的发展、创新对产业结构升级的驱动因素等方面开展了有价值的考察研究，对指导创新驱动产业结构升级具有一定的理论基础和实践价值。深入实施创新驱动发展战略是推动西南边疆民族地区产业结构升级的关键，因此，关于创新驱动产业结构升级方面的研究还需要进一步完善和提升。现有文献的不足之处主要表现在：

第一，对创新驱动对产业结构升级的互动关系、升级路径以及影响作用的实证分析较为常见，而关于创新驱动对产业结构升级影响机制的实证研究方面的文献则比较少。当前在创新驱动西南边疆民族地区产业结构升级的定量分析方面的研究成果则更为罕见。创新驱动能否促进西南边疆民族地区产业结构升级？如果能够，那么其中的影响机制又是什么？这就需要构建一个创新驱动产业结构升级的分析框架，从理论上剖析创新驱动对产业结构升级的影响机制。

第二，近年来，部分学者运用向量自回归（VAR）模型研究创新驱动与产业结构升级之间的定量关系，也取得了一定的成效，但是该方法的缺陷也是明显的。VAR模型本身的局限性在于变量之间当期相关关系的确切形式没有被给出，而是隐藏在误差项的相关结构中。而结构向量自回归（SVAR）模型在VAR模型的基础上，加入变量间的同期影响关系，全面考虑自身滞后变量以及其他变量当期与滞后期对主要研究对象的影响，可以捕捉模型系统内各个变量之间即时的结构性关系，从而在一定程度上弥补了VAR模型在理论上的欠缺。但是现有的研究成果很难看到有学者运用SVAR模型研究创新驱动与西南边疆民族地区产业结构升级的定量关系，因此，这就为本书提供了研究空间。

第三，有些学者使用面板数据计量模型研究创新驱动与产业结构升级之间的定量关系，这种方法要求解释变量之间不存在多重共线性，否则回归结果会受到影响。但是创新驱动具有外部性，尤其在接壤省份间更为突出，其空间外部性就值得研究。多数学者只研究某一省份的创新驱动与产业结构升级之间定量关系，这就使分析结论具有局限性。因此，构建空间计量模型去考察创新驱动对西南边疆民族地区产业结构升级空间溢出效应，就更具有说服力。

（二）本书的研究视角

当前影响西南边疆民族地区产业结构升级的因素有多种，考虑到当前西南边疆民族地区的产业结构水平与我国平均水平还有差距，新时代科学技术在产业发展中的作用越来越重要，应重点分析创新对西南边疆民族地区产业结构升级的作用。因此，本书从以科技创新为核心的创新驱动视角入手，重点探究创新驱动产业结构升级的影响机制，把西南边疆民族地区三省（区）的产业结构升级作为研究对象，构建空间计量模型和 SVAR 模型，在这两种定量分析的过程中，一方面探究了模型系统内各个变量之间当期的结构性关系，另一方面也考察了创新驱动的空间外部性特征，从而对创新驱动西南边疆民族地区产业结构升级进行深入、全面和系统的研究，具有创新性，也是对现有研究成果的补充与完善。

第三节　研究意义与研究内容

一、研究意义

（一）理论意义

创新驱动与产业结构升级一直是产业经济学领域主要的议题，迈克尔·波特在利用钻石理论考察竞争中经济发展的过程中，首次提出了创新驱动，将国家经济发展分为生产要素驱动、投资驱动、创新驱动以及财富驱动这四个阶段。当前我国大力提倡创新驱动发展战略，且产业结构升级是影响经济增长的主要因素之一。本书从创新驱动的角度出发，从更深层次论述了创新驱动对产业结构升级的促进作用以及影响机制，从理论上回答了创新驱动与产业结构升级两者之间的内在关系，更有利于完善创新驱动与产业结构升级的理论体系。因此，研究创新驱动推动产业结构升级，对西南边疆民族地区在保持经济稳定增长的同时开创创新驱动发展道路，尽快实现产业结构合理化和高级化具有十分重要的理论意义。

（二）　实践价值

产业结构升级是推动经济高质量发展的关键，是实现经济可持续发展的必经之路。当前我国经济已经从高速增长阶段转向高质量发展阶段，经济的高质量发展需要创新驱动和产业结构升级的推动。而创新的价值主要体现在优化产业结构上，创新是促进产业结构升级的支撑力。为了考察创新如何推动产业结构升级，本书从西南边疆民族地区创新驱动产业结构升级的现状入手，探讨创新驱动与产业结构升级之间的内在关系以及其相应的影响机制，利用相关数据对西南边疆民族地区创新驱动产业结构升级的影响机制进行实证分析，进一步对西南边疆民族地区创新驱动的空间溢出效应进行分析。因此，本书的研究不仅符合当前西南边疆民族地区发展现状，对推动西南边疆民族地区产业结构升级有十分重要的现实意义，还能为西南边疆民族地区经济的高质量发展提供有效的参考。

二、研究内容

西南边疆民族地区的自然地理环境、社会历史、民族文化等特性导致其经济发展存在滞后性，尤其是在产业结构升级问题上仍与我国平均水平有一定差距，而创新能力是一个国家或者一个地区社会发展的核心驱动力，深入实施创新驱动发展策略，能够大幅度提升科技创新能力，优化产业布局，促进产业结构升级，因此，创新就成为改善产业结构升级问题的主要驱动力。

全书主要包括六章内容，并附有相关附录。

第一章为导论。首先，从当前对西南边疆民族地区的发展、创新驱动和产业结构升级的重视角度介绍了本书的选题背景和选题意义，并且提出问题；其次，进行相关文献综述，分别梳理了国外和国内的研究现状，并对现有研究进行评述；然后简述了研究内容和研究方法；最后，说明了本书的创新之处。

第二章为西南边疆民族地区产业发展状况分析。首先，对西南边疆民族地区的产业结构升级现状进行了分析，从三次产业产值和就业结构的角度，收集三次产业的产值和就业等相关数据来显示和分析西南边疆民族地区产业结构的差距；其次，用因子分析法对西南边疆民族地区产业发展绩效进行了评价。

第三章为创新驱动产业结构升级的影响机制，主要是对创新驱动产业结构升级影响机制进行分析。首先，叙述创新驱动的相关理论，创新驱动产业结构升级的诱因、案例和驱动效应。其次，分析创新驱动产业结构升级的影响机制数理模型，通过构建分析框架，在假设条件、生产结构的约束下，借助常微分方程进行数理模型推导，考察均衡状态，之后对理论模型进行分析。

第四章为创新驱动西南边疆民族地区产业结构升级的空间溢出效应。采取空间面板数据模型，以产业结构升级作为被解释变量，以创新水平作为核心解释变量，首先，构建空间权重矩阵，对空间相关性进行分析；其次，通过 LM 选择空间计量模型，再运用豪斯曼检验选择固定效应还是随机效应；再次，运用 LR 检验判断使用何种固定效应模型；最后，进行实证结果分析。

第五章为创新驱动西南边疆民族地区产业结构升级的实证分析。采用 SVAR 模型，通过单位根检验、协整检验、脉冲响应函数分析、方差分解分析、格兰杰因果关系检验以及误差修正模型分析，对西南边疆民族地区创新驱动产业结构升级的影响机制进行更深入的研究。

第六章为结论、研究局限性与启示。根据本书整体内容提取重要研究结论，并分析研究局限性，最后得出启示。

第四节 研究思路、方法与创新

一、研究思路

本书整体研究思路如图 1 – 1 所示。

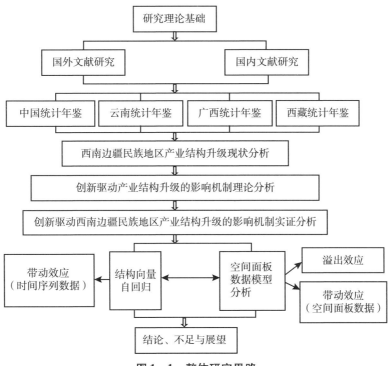

图 1 – 1 整体研究思路

其中，创新驱动产业结构升级的影响机制分析是本书研究内容中最核心的部分，其研究思路如图 1 – 2 所示。

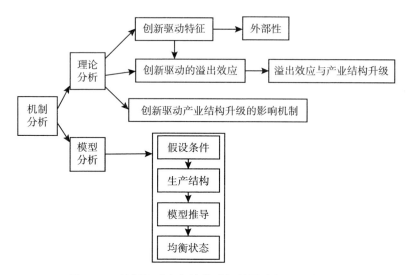

图 1 – 2　创新驱动产业结构升级的影响机制研究思路

二、研究方法

（一）文献分析法

本书通过收集和整理相关文献资料，充分了解了国内外创新驱动与产业结构升级相关的研究内容，梳理了国内外学者的研究方法和研究结果，结合他们的研究内容来探讨创新驱动对于西南边疆民族地区产业结构升级的影响机制。

（二）数理模型法

本书构建了一个创新驱动产业结构升级影响机制的分析框架，从理论上剖析创新驱动促进产业结构升级的影响机制。首先，在假设条件、生产结构的约束下，借助常微分方程进行数理模型推导；其次，考察均衡状态；最后，对理论模型进行分析。

（三）实证检验法

1. 结构向量自回归（SVAR）模型

本书针对创新驱动西南边疆民族地区产业结构升级的影响机制运用定量分析，采取 2000～2021 年西南边疆民族地区的时间序列数据，对被解释变量、核心解释变量以及其他控制变量进行单整检验和协整检验，对通过检验的时间序列构建 SVAR 模型，然后进行脉冲响应函数分析和方差分解分析，最后做一个格兰杰因果关系检验，对创新驱动西南边疆民族地区产业结构升级的影响机制进行更为深入的研究。

2. 空间面板数据模型

本书针对创新驱动西南边疆民族地区产业结构升级的空间溢出效应进行分析，采用 2000～2021 年云南、广西、西藏的面板数据，利用空间面板数据模型，以产业结构升级作为被解释变量，以创新水平作为核心解释变量，采取空间面板数据回归，首先构建空间权重矩阵，其次对其空间相关性进行分析，通过 LM 检验选择空间计量模型，通过豪斯曼检验选择固定效应还是随机效应，再运用 LR 检验判断使用何种固定效应模型，最后进行实证结果分析。

三、创新之处

1. 研究视角的创新

阻碍西南边疆民族地区产业结构升级的因素是很多的，其中，创新驱动是一个重要的因素。创新驱动在产业结构升级过程中具有重要的作用，需要通过创新驱动西南边疆民族地区产业结构升级。但是由于西南边疆民族地区少数民族人口众多，并且地处祖国边疆，山地草原面积分布广泛，地质环境和生态环境复杂多样。同其他省份相比，西南边疆民族地区技术创新较为滞后，也拖慢了西南边疆民族地区产业结构调整的步伐。通过本书的研究，可以找出创新驱动西南边疆民族地区产业结构升级的影响与作用，从而为政府制定以创新促进西南边疆民族地区产业结构升级的区域政策提供重要的理论依据。因此，从研究的视角来看，这是一个创新点。

2. 理论模型的创新

本书在前人研究成果的基础上，构建了一个创新驱动产业结构升级的分析框架，从理论上剖析创新驱动产业结构升级的影响机理。通过数学推导的形式（借助常微分方程的推导），对创新驱动产业结构升级的影响机理进行模型分析（包括假设条件、模型推导、均衡状态等），最后得出均衡求解结果。

第二章 西南边疆民族地区产业发展状况分析

近年来西南边疆民族地区产业结构发生了明显的变化，产业发展也取得了巨大成就，这些变化极大地促进了西南边疆民族地区经济社会发展。本章研究西南边疆民族地区三次产业产值结构情况，西南边疆民族地区三次产业就业结构情况，西南边疆民族地区细分行业产值结构、就业结构情况；用因子分析法对西南边疆民族地区产业发展绩效进行评价，并分析西南边疆民族地区产业结构转型升级过程中面临的问题。

第一节 西南边疆民族地区产业结构发展状况

西南边疆民族地区在实现经济较快增长的同时，产业结构也出现了明显的变化，三次产业产值在 GDP 中所占比重不断调整，三次产业对 GDP 的拉动率不断变化，三次产业的就业结构也有自身的特点，并且西南边疆民族地区细分行业产值结构、就业结构也发生了较大的变化。

一、西南边疆民族地区三次产业产值结构情况

（一）2000～2021 年西南边疆民族地区三次产业产值

20 世纪 90 年代，尤其是西部大开发以来，西南边疆民族地区经济在快速增长的同时，产业结构出现了明显的变化，为了便于与全国情况相比较，列出 2000～2021 年全国和西南边疆民族地区三省（区）三次产业产值数据，如表 2－1 所示。

从表 2－1 中可以看出，西部大开发以来，无论是全国还是云南、广西、西藏，三次产业产值都呈现出快速增加的势头。无论是全国还是云南、广西、西藏，第二产业都比第一产业增长得快，第三产业又比第二产业增长得快。

（二）2000～2021 年西南边疆民族地区三次产业对 GDP 贡献率

西南边疆民族地区三次产业对 GDP 的贡献率也发生相应变化，三次产业对 GDP 贡献率的计算公式为：三次产业贡献率 = 各产业增加值增量/GDP 增量 × 100%。贡献率数值为正数，贡献率数值越大，表明该产业对经济增长的贡献越大，也表明该产业发展形势比较乐观，对经济增长起到较大的促进作用。2000～2021 年全国和西南边疆民族地区三省（区）三次产业对 GDP 贡献率数据如表 2－2 所示。

从表 2－2 可以看出，自西部大开发以来，中国产业结构处于一个大的转型时期。在此期间，中国深入开展产业结构调整，产业结构不断得到优化。在整个产业结构中，第一产业占 GDP 的比重呈逐年

表 2 - 1　　2000～2021 年全国和西南边疆民族地区三省（区）三次产业产值

单位：亿元

年份	全国			云南			广西			西藏		
	第一产业	第二产业	第三产业	第一产业	第二产业	第三产业	第一产业	第二产业	第三产业	第一产业	第二产业	第三产业
2000	14944.72	45555.19	38714.02	431.80	833.25	746.14	568.59	748.00	763.45	36.66	27.21	53.93
2001	15781.31	49512.32	44361.62	444.42	868.06	825.83	610.67	791.85	876.82	37.80	32.18	69.18
2002	16537.23	53896.83	49898.94	463.44	934.88	914.50	664.05	863.96	995.72	40.30	32.93	88.81
2003	17381.13	62436.32	56004.71	494.60	1047.66	1013.76	738.26	1007.96	1074.89	41.21	47.99	95.89
2004	21412.23	73904.34	64561.33	593.59	1281.63	1206.69	924.78	1288.26	1220.46	52.13	57.61	110.60
2005	22420.33	87598.13	74919.35	669.81	1432.76	1370.32	820.85	1510.68	1652.57	45.63	63.52	139.65
2006	24040.12	103719.52	88554.93	749.81	1712.60	1544.31	950.13	1878.56	1917.47	50.65	80.10	160.01
2007	28627.02	125831.43	111351.92	837.35	2051.08	1852.88	1121.04	2425.29	2289.00	54.13	98.48	188.82
2008	33702.04	149003.44	131340.02	1020.94	2451.09	2228.07	1321.20	3037.74	2679.94	59.45	115.76	219.64
2009	35226.03	157638.85	148038.20	1067.60	2582.53	2519.62	1484.31	3381.54	2919.13	63.88	136.63	240.85
2010	40533.65	187383.25	173596.03	1108.38	3223.49	2892.31	1709.22	4511.68	3383.11	68.72	163.92	274.82
2011	47486.24	220412.84	204982.25	1411.01	3780.32	3701.79	2091.32	5675.32	3998.33	74.47	208.79	322.57
2012	50892.73	223390.33	214579.53	1654.55	4419.20	4235.72	2227.31	6247.43	4615.30	80.38	242.85	377.80

续表

年份	全国			云南			广西			西藏		
	第一产业	第二产业	第三产业	第一产业	第二产业	第三产业	第一产业	第二产业	第三产业	第一产业	第二产业	第三产业
2013	55321.72	256810.13	275887.02	2006.74	4927.82	4897.75	2477.27	6863.04	5171.39	94.82	292.92	427.93
2014	55626.32	277282.84	310654.40	1990.07	5281.82	5542.70	2483.17	7324.96	5934.49	91.64	336.84	492.35
2015	57774.60	281338.95	349744.72	2055.78	5416.12	6147.27	2632.37	7717.52	6520.15	98.04	376.19	552.16
2016	60139.23	295427.84	390828.14	2126.64	5690.16	6903.15	2796.80	8273.66	7247.18	114.44	429.17	606.46
2017	62099.56	331580.51	438355.92	2338.37	6204.97	7833.00	4751.29	7450.85	8194.11	122.72	513.65	674.55
2018	64745.22	364835.22	489700.82	2498.86	6957.44	8424.82	3019.37	8072.94	9260.20	130.25	628.37	719.01
2019	70473.64	380670.63	535371.03	3037.62	7961.58	12224.55	3388.01	7077.43	10771.97	138.19	635.62	924.01
2020	77754.12	384255.32	553978.83	3598.91	8287.54	12635.46	3555.82	7108.49	11492.38	150.65	798.25	953.84
2021	83086.32	450904.63	609680.64	3866.97	9589.37	13687.22	4015.51	8187.90	12537.45	164.12	757.28	1158.77

资料来源：根据 2001~2022 年《中国统计年鉴》《云南统计年鉴》《广西统计年鉴》以及《西藏统计年鉴》相关数据整理得出。

表2-2　2000~2021年全国和西南边疆民族地区三省（区）三次产业对GDP贡献率

单位：%

年份	全国			云南			广西			西藏		
	第一产业	第二产业	第三产业	第一产业	第二产业	第三产业	第一产业	第二产业	第三产业	第一产业	第二产业	第三产业
2000	15.06	45.92	39.02	21.47	41.43	37.10	27.34	35.96	36.70	31.12	23.10	45.78
2001	14.39	45.15	40.46	20.78	40.60	38.62	26.79	34.74	38.47	27.16	23.12	49.71
2002	13.74	44.79	41.47	20.04	40.42	39.54	26.31	34.23	39.45	24.87	20.32	54.81
2003	12.80	45.97	41.23	19.35	40.99	39.66	26.17	35.73	38.10	22.26	25.93	51.81
2004	13.39	46.23	40.38	19.26	41.59	39.15	26.93	37.52	35.55	23.66	26.15	50.20
2005	12.12	47.37	40.51	19.29	41.26	39.46	20.60	37.92	41.48	18.34	25.53	56.13
2006	11.11	47.95	40.94	18.71	42.74	38.54	20.02	39.58	40.40	17.42	27.55	55.03
2007	10.77	47.34	41.89	17.66	43.26	39.08	19.21	41.56	39.23	15.85	28.84	55.30
2008	10.73	47.45	41.82	17.91	43.00	39.09	18.77	43.16	38.07	15.06	29.32	55.63
2009	10.33	46.24	43.43	17.30	41.86	40.84	19.07	43.44	37.50	14.47	30.96	54.57
2010	10.10	46.67	43.24	15.34	44.62	40.04	17.80	46.98	35.23	13.54	32.30	54.16
2011	10.04	46.61	43.35	15.87	42.51	41.63	17.78	48.24	33.99	12.29	34.46	53.24
2012	10.41	45.70	43.89	16.05	42.87	41.09	17.02	47.73	35.26	11.47	34.64	53.89

续表

年份	全国			云南			广西			西藏		
	第一产业	第二产业	第三产业	第一产业	第二产业	第三产业	第一产业	第二产业	第三产业	第一产业	第二产业	第三产业
2013	9.41	43.67	46.92	16.96	41.65	41.39	17.07	47.29	35.64	11.62	35.91	52.46
2014	8.64	43.09	48.27	15.53	41.22	43.25	15.77	46.53	37.70	9.95	36.58	53.47
2015	8.39	40.84	50.77	15.09	39.77	45.14	15.60	45.75	38.65	9.55	36.65	53.80
2016	8.06	39.58	52.36	14.45	38.66	46.90	15.27	45.17	39.56	9.95	37.32	52.73
2017	7.46	39.85	52.68	14.28	37.89	47.83	23.29	36.53	40.17	9.36	39.18	51.46
2018	7.04	39.69	53.27	13.97	38.91	47.12	14.84	39.67	45.50	8.81	42.53	48.66
2019	7.14	38.59	54.27	13.08	34.28	52.64	15.95	33.33	50.72	8.14	37.44	54.42
2020	7.65	37.82	54.53	14.68	33.80	51.53	16.05	32.08	51.87	7.92	41.95	50.13
2021	7.26	39.43	53.31	14.25	35.33	50.43	16.23	33.09	50.68	7.89	36.40	55.71

资料来源：根据2001~2022年《中国统计年鉴》《云南统计年鉴》《广西统计年鉴》以及《西藏统计年鉴》相关数据整理得出。

下降趋势，下降趋势明显；第二产业占 GDP 的比重呈逐年上升趋势，上升幅度不大；第三产业占 GDP 的比重呈逐年上升趋势，上升趋势明显。总体上说，在整个产业结构中，第三产业所占比重最大，第一产业所占比重最小。20 世纪 90 年代以来，云南、广西、西藏产业结构也进行了较大的调整，云南、广西、西藏第一产业产值占 GDP 的比重呈明显的逐年下降趋势，第二产业和第三产业占 GDP 的比重也呈明显的逐年上升趋势。但是，云南、广西第一产业占 GDP 的比重要高于全国，第二和第三产业占 GDP 的比重要低于全国，这说明云南、广西工业化程度以及经济现代化程度都低于全国水平。西藏产业结构比例严重不协调，第一产业占 GDP 的比重要高于全国，而由于工业化程度不高，西藏第二产业占 GDP 的比重要低于全国，导致西藏第三产业占 GDP 的比重高于全国。

（三）2000～2021 年西南边疆民族地区三次产业对 GDP 的拉动率

由于产业结构的巨大变化，三次产业对 GDP 的拉动率也发生较大变化，三次产业对 GDP 拉动率的计算公式是：三次产业拉动率 = GDP 增长速度 × 各产业贡献率。拉动率数值越大，表明该产业对经济增长的贡献越大，说明该产业发展形势比较乐观，对经济增长起到较大的促进作用。拉动率数值越小，表明该产业对经济增长的贡献越小，说明该产业发展形势比较严峻，对经济增长起到较小的促进作用，因此该产业的发展政策需要得到及时调整。2000～2021 年全国和西南边疆民族地区三省（区）GDP 增长率如表 2-3 所示，2000～2021 年全国和西南边疆民族地区三省（区）三次产业对 GDP 的拉动率如表 2-4 所示。

表 2 - 3　　　　　2000～2021 年全国和西南边疆民族地区

三省（区）GDP 增长率　　　单位：%

年份	全国	云南	广西	西藏
2000	8.0	7.1	7.2	9.4
2001	7.5	6.5	8.2	12.6
2002	8.3	8.1	10.3	12.5
2003	9.5	8.6	10.2	12.1
2004	10.1	11.5	11.8	12.2
2005	10.4	9.0	12.7	12.2
2006	11.0	11.8	13.5	13.4
2007	11.4	12.2	14.9	14.0
2008	9.0	10.6	12.8	10.1
2009	8.7	12.1	13.9	12.4
2010	10.3	12.3	14.2	12.3
2011	9.2	13.7	12.3	12.7
2012	7.7	12.0	11.3	11.8
2013	7.7	12.2	10.2	12.5
2014	7.4	8.1	8.5	12.0
2015	6.9	8.7	8.1	11.0
2016	6.7	8.7	7.3	11.5
2017	6.9	9.5	7.3	10.0
2018	6.6	8.9	6.8	9.1
2019	6.1	8.1	6.0	8.1
2020	2.3	4.0	3.7	7.8
2021	8.1	7.3	7.5	6.7

资料来源：2001～2022 年《中国统计年鉴》。

表2-4　2000~2021年全国和西南边疆民族地区三省（区）三次产业对GDP的拉动率

单位：%

年份	全国			云南			广西			西藏		
	第一产业	第二产业	第三产业	第一产业	第二产业	第三产业	第一产业	第二产业	第三产业	第一产业	第二产业	第三产业
2000	1.20	3.67	3.12	1.52	2.94	2.63	1.97	2.59	2.64	2.93	2.17	4.30
2001	1.08	3.39	3.03	1.35	2.64	2.51	2.20	2.85	3.15	3.42	2.91	6.26
2002	1.14	3.72	3.44	1.62	3.27	3.20	2.71	3.53	4.06	3.11	2.54	6.85
2003	1.22	4.37	3.92	1.66	3.53	3.41	2.67	3.64	3.89	2.69	3.14	6.27
2004	1.35	4.67	4.08	2.21	4.78	4.50	3.18	4.43	4.19	2.89	3.19	6.12
2005	1.26	4.93	4.21	1.74	3.71	3.55	2.62	4.82	5.27	2.24	3.11	6.85
2006	1.22	5.27	4.50	2.21	5.04	4.55	2.70	5.34	5.45	2.33	3.69	7.37
2007	1.23	5.40	4.78	2.15	5.28	4.77	2.86	6.19	5.85	2.22	4.04	7.74
2008	0.97	4.27	3.76	1.90	4.56	4.14	2.40	5.52	4.87	1.52	2.96	5.62
2009	0.90	4.02	3.78	2.09	5.07	4.94	2.65	6.04	5.21	1.79	3.84	6.77
2010	1.04	4.81	4.45	1.89	5.49	4.92	2.53	6.67	5.00	1.67	3.97	6.66
2011	0.92	4.29	3.99	2.17	5.82	5.70	2.19	5.93	4.18	1.56	4.38	6.76
2012	0.80	3.52	3.38	1.93	5.14	4.93	1.92	5.39	3.98	1.35	4.09	6.36

续表

年份	全国			云南			广西			西藏		
	第一产业	第二产业	第三产业	第一产业	第二产业	第三产业	第一产业	第二产业	第三产业	第一产业	第二产业	第三产业
2013	0.72	3.36	3.61	2.07	5.08	5.05	1.74	4.82	3.64	1.45	4.49	6.56
2014	0.64	3.19	3.57	1.26	3.34	3.50	1.34	3.96	3.20	1.19	4.39	6.42
2015	0.58	2.82	3.50	1.31	3.46	3.93	1.26	3.71	3.13	1.05	4.03	5.92
2016	0.54	2.65	3.51	1.26	3.36	4.08	1.11	3.30	2.89	1.14	4.29	6.06
2017	0.51	2.75	3.63	1.36	3.60	4.54	1.70	2.67	2.93	0.94	3.92	5.15
2018	0.46	2.62	3.52	1.24	3.46	4.19	1.01	2.70	3.09	0.80	3.87	4.43
2019	0.44	2.35	3.31	1.06	2.78	4.26	0.96	2.00	3.04	0.66	3.03	4.41
2020	0.18	0.87	1.25	0.59	1.35	2.06	0.59	1.19	1.92	0.62	3.27	3.91
2021	0.59	3.19	4.32	1.04	2.58	3.68	1.22	2.48	3.80	0.53	2.44	3.73

资料来源：根据 2001～2022 年《中国统计年鉴》《云南统计年鉴》《广西统计年鉴》以及《西藏统计年鉴》相关数据整理得出。

从表 2 - 4 可以看出，西部大开发以来，不论是全国还是云南、广西、西藏，第一产业对 GDP 增长的拉动率都是最低的，并且第一产业对 GDP 增长的拉动率整体呈现出不断降低的趋势；第二产业对 GDP 增长的拉动率都是居中的；第三产业对 GDP 增长的拉动率都是最高的。

2000～2021 年，我国第一产业对 GDP 增长的拉动率都是最低的，第一产业对 GDP 增长的拉动率整体呈现出不断降低的趋势；第二产业对 GDP 增长的拉动率都是居中的，并且第二产业对 GDP 增长的拉动率呈现出先上升后下降的趋势；第三产业对 GDP 增长的拉动率都是最高的，并且第三产业对 GDP 增长的拉动率呈现出波动的趋势。云南和广西第一产业对 GDP 增长的拉动率都是最低的，第一产业对 GDP 增长的拉动率都呈现出不断降低的趋势，2021 年云南和广西第一产业对 GDP 增长的拉动率分别只有 1.04% 和 1.22%；第二产业对 GDP 增长的拉动率与第三产业对 GDP 增长的拉动率都比较高，并且都呈现出先上升（云南 2011 年达到最高，广西 2020 年达到最高）后下降的趋势。西藏第一产业对 GDP 增长的拉动率是最低的（2021 年西藏第一产业对 GDP 增长的拉动率只有 0.53%，低于云南和广西，也低于全国平均水平），第二产业对 GDP 增长的拉动率居中，第三产业对 GDP 增长的拉动率最高，并且都呈现出先上升（2011 年达到最高）后下降的趋势。这说明全国和云南、广西、西藏三次产业在国民经济增长中发挥的作用是不一样的。

二、西南边疆民族地区三次产业就业结构情况

（一）2000～2021 年西南边疆民族地区三次产业就业结构

产业结构的形成在一定程度上是政府制度安排和市场机制共同作

用的结果，产业结构在一定程度上也影响和决定着就业结构，因此产业结构变动也会导致就业结构变动。就业结构本身也会影响产业结构，从而会影响整个国民经济发展。一般来说，产业就业结构与产业产值结构应该是基本一致的，尽管有些年份会出现脱节现象，但是从长期来看，最终会趋于一致。2000～2021 年全国和西南边疆民族地区三省（区）三次产业就业结构如表 2–5 所示。

从表 2–5 可以看出，全国第一产业就业人口占整个就业人口比例呈现出逐年下降的趋势，第二产业和第三产业就业人口占整个就业人口比例呈现出逐年上升的趋势，但是第二产业上升趋势较慢，第三产业上升趋势明显。云南、广西、西藏第一产业就业人口占整个就业人口比例也呈现出逐年下降的趋势，第二产业和第三产业就业人口占整个就业人口比例呈现出逐年上升的趋势，同样也是第二产业上升趋势较慢，第三产业上升趋势明显。全国以及云南、广西、西藏第一产业就业人口占整个就业人口比例下降速度快，主要是由于近年来我国加快了农业现代化的进程，随着机械化生产工具在农业领域的逐步普及，农业出现了大量富余劳动力，这些富余劳动力被迅速发展的第二、第三产业所吸收，促进了农村劳动力的合理流动，从而提高了农业的整体经济效益。全国以及云南、广西、西藏第二产业就业人口占整个就业人口比例呈现出逐年上升的趋势，但是上升速度比较慢，主要是由于目前第二产业中劳动密集型产业发展较慢，没有充分发挥出吸纳劳动力就业的作用，而发展较快的资金密集型产业吸纳就业人数有限，从而导致第二产业吸纳就业能力偏低。全国以及云南、广西、西藏第三产业就业人口占整个就业人口比例呈现出逐年上升的趋势，并且上升速度较快，这主要是由于我国第三产业中传统服务业所占比重较大，发展较快，并且传统服务业大多是以劳动密集型为主，因此可以吸收较多的社会剩余劳动力。但是云南、广西、西藏第一产业就

表2－5　2000～2021年全国和云南三次产业就业结构

单位：%

年份	全国			云南			广西			西藏		
	第一产业	第二产业	第三产业	第一产业	第二产业	第三产业	第一产业	第二产业	第三产业	第一产业	第二产业	第三产业
2000	50.00	22.54	27.46	73.95	9.22	16.83	61.22	10.85	27.93	73.32	5.91	20.77
2001	50.03	22.35	27.62	73.74	9.03	17.23	60.32	10.95	28.73	71.04	6.52	22.44
2002	50.02	21.42	28.56	73.32	8.82	17.86	59.45	10.98	29.57	68.82	6.22	24.96
2003	49.17	21.61	29.22	72.61	8.90	18.49	58.67	11.23	30.10	64.13	9.32	26.55
2004	46.95	22.52	30.53	71.32	9.12	19.56	57.87	11.65	30.48	62.60	9.60	27.80
2005	44.84	23.83	31.33	69.43	10.05	20.52	56.24	11.91	31.85	60.15	9.51	30.34
2006	42.61	25.24	32.15	67.44	10.44	22.12	57.43	11.90	30.67	58.92	9.62	31.46
2007	40.80	26.85	32.35	65.45	10.94	23.61	59.32	11.95	28.73	56.02	10.85	33.13
2008	39.63	27.23	33.14	63.65	11.33	25.02	62.45	11.88	25.67	54.63	10.52	34.85
2009	38.15	27.81	34.04	61.36	12.92	25.72	64.34	11.83	23.83	54.52	10.83	34.65
2010	36.72	28.72	34.56	59.44	13.62	26.94	67.02	11.86	21.12	53.63	10.93	35.44
2011	34.82	29.31	35.87	58.23	13.85	27.92	65.67	13.23	21.10	50.31	12.21	37.48
2012	33.54	30.43	36.03	56.82	13.55	29.63	61.56	14.34	24.10	46.32	13.41	40.27

续表

年份	全国			云南			广西			西藏		
	第一产业	第二产业	第三产业	第一产业	第二产业	第三产业	第一产业	第二产业	第三产业	第一产业	第二产业	第三产业
2013	31.33	30.32	38.35	55.56	13.21	31.23	58.56	16.76	24.68	45.13	14.12	40.75
2014	29.33	30.23	40.44	53.75	13.25	33.00	55.43	17.56	27.01	43.72	14.72	41.56
2015	28.03	29.74	42.23	52.43	14.24	33.33	50.02	19.24	30.74	41.21	13.30	45.49
2016	27.43	29.33	43.24	51.63	14.62	33.75	46.35	20.41	33.24	37.70	16.44	45.86
2017	26.75	28.62	44.63	48.85	15.42	35.73	43.33	21.75	34.92	37.32	17.71	44.97
2018	25.71	28.21	46.08	45.94	16.34	37.72	40.02	23.23	36.75	36.53	19.72	43.75
2019	24.73	28.22	47.05	44.85	16.72	38.43	37.13	24.43	38.44	35.74	21.74	42.52
2020	23.63	28.72	47.65	43.72	17.73	38.55	33.85	25.63	40.52	35.82	15.54	48.64
2021	22.91	29.15	47.94	43.38	17.95	38.67	31.21	27.47	41.32	35.72	16.43	47.85

资料来源：根据 2001～2022 年《中国统计年鉴》《云南统计年鉴》《广西统计年鉴》以及《西藏统计年鉴》相关数据整理得出。

业人口占整个就业人口比例大大高于全国水平，第二产业和第三产业就业人口占整个就业人口比例要大大低于全国水平（西藏第三产业就业人口占整个就业人口比例与全国基本持平），这也说明了云南、广西、西藏经济发展水平、工业化以及现代化进程均滞后于全国平均水平，导致云南、广西、西藏第二和第三产业吸纳劳动力就业量有限（西藏第三产业吸纳劳动力就业量除外）。

（二）2000～2021 年西南边疆民族地区三次产业就业结构偏离度

进一步用产业结构偏离度比较全国和西南边疆民族地区三省（区）三次产业各自增长速度，产业结构偏离度是指产业的就业比重与产值比重之差，即：某产业结构偏离度＝某产业的就业比重－某产业的产值比重。当产业结构偏离度为零或接近于零时，从理论上来说，说明该产业的产业结构与就业结构相对一致，此时的产业结构与就业结构比较合理，此时的劳动力资源得到了较为合理的配置。当产业结构偏离度大于零（正偏离）时，即该产业的就业比重大于产值比重，这说明该产业吸纳了较多的劳动力，也意味着该产业的劳动生产率比较低，该产业的劳动力存在向外转出的可能性。当产业结构偏离度小于零（负偏离）时，即该产业的就业比重小于产值比重，这说明该产业吸纳就业能力不足，也意味着该产业的劳动生产率比较高，存在劳动力转入的可能性。2000～2021 年全国和西南边疆民族地区三省（区）三次产业结构偏离度如表 2－6 所示。

从表 2－6 中可以看出，全国和云南、广西、西藏第一产业产业结构偏离度均为正值，并且产业结构偏离度都比较大，说明全国和云南、广西、西藏第一产业在吸纳就业方面发挥着重要作用，并且第一产业劳动力转出的压力较大。其中，云南第一产业偏离度最大，说明云南大量剩余劳动力滞留在第一产业。全国和云南、广西、西藏第二

表2-6　2000～2021年全国和云南三次产业就业结构偏离度

单位：%

年份	全国			云南			广西			西藏		
	第一产业	第二产业	第三产业	第一产业	第二产业	第三产业	第一产业	第二产业	第三产业	第一产业	第二产业	第三产业
2000	34.94	-23.38	-11.56	52.48	-32.21	-20.27	33.88	-25.11	-8.77	42.20	-17.19	-25.01
2001	35.64	-22.80	-12.84	52.96	-31.57	-21.39	33.53	-23.79	-9.74	43.88	-16.60	-27.27
2002	36.28	-23.37	-12.91	53.28	-31.60	-21.68	33.14	-23.25	-9.88	43.95	-14.10	-29.85
2003	36.37	-24.36	-12.01	53.26	-32.09	-21.17	32.50	-24.50	-8.00	41.87	-16.61	-25.26
2004	33.56	-23.71	-9.85	52.06	-32.47	-19.59	30.94	-25.87	-5.07	38.94	-16.55	-22.40
2005	32.72	-23.54	-9.18	50.14	-31.21	-18.94	35.64	-26.01	-9.63	41.81	-16.02	-25.79
2006	31.50	-22.71	-8.79	48.73	-32.30	-16.42	37.41	-27.68	-9.73	41.50	-17.93	-23.57
2007	30.03	-20.49	-9.54	47.79	-32.32	-15.47	40.11	-29.61	-10.50	40.17	-17.99	-22.17
2008	28.90	-20.22	-8.68	45.74	-31.67	-14.07	43.68	-31.28	-12.40	39.57	-18.80	-20.78
2009	27.82	-18.43	-9.39	44.06	-28.94	-15.12	45.27	-31.61	-13.67	40.05	-20.13	-19.92
2010	26.62	-17.95	-8.68	44.10	-31.00	-13.10	49.22	-35.12	-14.11	40.09	-21.37	-18.72
2011	24.78	-17.30	-7.48	42.36	-28.66	-13.71	47.89	-35.01	-12.89	38.02	-22.25	-15.76
2012	23.13	-15.27	-7.86	40.77	-29.32	-11.46	44.54	-33.39	-11.16	34.85	-21.23	-13.62

续表

年份	全国			云南			广西			西藏		
	第一产业	第二产业	第三产业	第一产业	第二产业	第三产业	第一产业	第二产业	第三产业	第一产业	第二产业	第三产业
2013	21.92	-13.35	-8.57	38.60	-28.44	-10.16	41.49	-30.53	-10.96	33.51	-21.79	-11.71
2014	20.69	-12.86	-7.83	38.22	-27.97	-10.25	39.66	-28.97	-10.69	33.77	-21.86	-11.91
2015	19.64	-11.10	-8.54	37.34	-25.53	-11.81	34.42	-26.51	-7.91	31.66	-23.35	-8.31
2016	19.37	-10.25	-9.12	37.18	-24.04	-13.15	31.08	-24.76	-6.32	27.75	-20.88	-6.87
2017	19.29	-11.23	-8.05	34.57	-22.47	-12.10	20.04	-14.78	-5.25	27.96	-21.47	-6.49
2018	18.67	-11.48	-7.19	31.97	-22.57	-9.40	25.18	-16.44	-8.75	27.72	-22.81	-4.91
2019	17.59	-10.37	-7.22	31.77	-17.56	-14.21	21.18	-8.90	-12.28	27.60	-15.70	-11.90
2020	15.98	-9.10	-6.88	29.04	-16.07	-12.98	17.80	-6.45	-11.35	27.90	-26.41	-1.49
2021	15.65	-10.28	-5.37	29.13	-17.38	-11.76	14.98	-5.62	-9.36	27.83	-19.97	-7.86

资料来源：由表2-2和表2-5数据经过运算后得出。

产业产业结构偏离度都是负值，说明全国和云南、广西、西藏第二产业吸纳就业能力不足，第二产业吸纳就业能力亟须提高。全国和云南、广西、西藏第三产业产业结构偏离度都是负值，说明全国和云南、广西、西藏第三产业吸纳就业能力不足，第三产业仍有进一步吸纳就业的潜力。总之，全国和云南、广西、西藏产业结构与就业结构脱节现象较明显，全国和云南、广西、西藏第一产业呈现出明显的"低产出、高就业"的特征。西南边疆民族地区三省（区）农业的机械化程度和规模化程度都不高，农业劳动生产率较低，农村存在大量的剩余劳动力，因此才会造成第一产业"低产出、高就业"的现象。

三、西南边疆民族地区细分行业产值结构、就业结构情况

2000～2021 年西南边疆民族地区三省（区）各细分行业产值结构、就业结构也出现了明显变化，同时也将西南边疆民族地区各细分行业产业结构与就业结构与全国进行了比较。

（一）2000 年与 2021 年西南边疆民族地区细分行业产值结构

2000 年和 2021 年全国与边疆民族地区三省（区）细分行业产值结构（包括产业产值和产业产值占比）数据如表 2 - 7～表 2 - 10 所示。

表 2 - 7　　2000 年全国与西南边疆民族地区各细分产业产值　　单位：亿元

行业	全国	云南	广西	西藏
煤炭采选业	583.09	6.40	2.97	0.08
石油和天然气开采业	2209.02	0.01	—	—
黑色金属矿采选业	62.31	0.82	1.54	1.32

续表

行业	全国	云南	广西	西藏
有色金属矿采选业	139.77	9.11	18.54	1.53
非金属矿采选业	122.64	1.89	2.37	0.88
木材及竹材采运业	61.49	0.42	0.26	0.47
食品加工业	835.29	14.64	42.47	0.52
食品制造业	415.81	1.07	5.93	0.04
饮料制造业	618.90	3.41	5.68	—
烟草加工业	935.80	292.99	12.99	0.00
纺织业	1272.84	2.16	7.03	0.17
服装及其他纤维制品制造	592.02	0.27	0.63	0.08
皮革、毛皮、羽毛（绒）及其制品业	323.62	0.50	1.34	0.06
木材加工及竹、藤、棕、草制品业	157.53	2.03	3.52	0.65
家具制造业	94.86	0.32	0.23	0.06
造纸及纸制品业	412.62	6.32	7.77	0.03
印刷业记录媒介的复制	201.39	9.81	2.16	0.39
文教体育用品制造业	155.30	0.01	0.04	0.03
石油加工及炼焦业	787.99	0.44	3.65	—
化学原料及制品制造业	1415.81	23.29	21.86	0.11
医药制造业	633.88	10.13	13.80	2.58
化学纤维制造业	295.78	1.58	0.60	—
橡胶制品业	218.98	1.17	2.31	—
塑料制品业	464.43	3.03	1.92	0.02
非金属矿物制品业	1126.72	16.75	19.32	3.27
黑色金属冶炼及压延加工业	1299.29	19.04	10.34	0.06
有色金属冶炼及压延加工业	512.69	22.25	29.04	—
金属制品业	609.46	2.38	3.01	0.01
普通机械制造业	840.75	4.28	14.33	0.00

行业	全国	云南	广西	西藏
专用设备制造业	580.97	4.27	3.89	0.15
交通运输设备制造业	1323.61	3.66	19.75	—
电气机械及器材制造业	1231.50	4.20	7.43	—
电子及通信设备制造业	1824.31	0.92	4.55	—
仪器仪表文化办公用机械	214.36	2.24	1.08	—
电力蒸汽热水生产供应业	2328.62	55.16	43.07	2.37
煤气的生产和供应业	37.74	0.34	0.07	—
自来水的生产和供应业	150.88	2.85	3.85	0.40

资料来源：2001年《中国统计年鉴》《云南统计年鉴》《广西统计年鉴》《西藏统计年鉴》。

表2–8　　2000年全国与西南边疆民族地区各细分产业产值占比　单位：%

行业	全国	云南	广西	西藏
煤炭采选业	2.32	1.21	0.93	0.50
石油和天然气开采业	8.80	0.00	—	—
黑色金属矿采选业	0.25	0.16	0.48	8.32
有色金属矿采选业	0.56	1.72	5.81	9.64
非金属矿采选业	0.49	0.36	0.74	5.57
木材及竹材采运业	0.25	0.08	0.08	2.96
食品加工业	3.33	2.76	13.30	3.30
食品制造业	1.66	0.20	1.86	0.27
饮料制造业	2.47	0.64	1.78	—
烟草加工业	3.73	55.26	4.07	0.01
纺织业	5.07	0.41	2.20	1.07
服装及其他纤维制品制造	2.36	0.05	0.20	0.5
皮革、毛皮、羽毛（绒）及其制品业	1.29	0.09	0.42	0.38

续表

行业	全国	云南	广西	西藏
木材加工及竹、藤、棕、草制品业	0.63	0.38	1.10	4.11
家具制造业	0.38	0.06	0.07	0.38
造纸及纸制品业	1.64	1.19	2.43	0.16
印刷业记录媒介的复制	0.80	1.85	0.68	2.47
文教体育用品制造业	0.62	0.00	0.01	0.22
石油加工及炼焦业	3.14	0.08	1.14	—
化学原料及制品制造业	5.64	4.39	6.85	0.70
医药制造业	2.53	1.91	4.32	16.24
化学纤维制造业	1.18	0.30	0.19	—
橡胶制品业	0.87	0.22	0.72	—
塑料制品业	1.85	0.57	0.60	0.11
非金属矿物制品业	4.49	3.16	6.05	20.58
黑色金属冶炼及压延加工业	5.18	3.59	3.24	0.35
有色金属冶炼及压延加工业	2.04	4.20	9.09	—
金属制品业	2.43	0.45	0.94	0.07
普通机械制造业	3.35	0.81	4.49	0.02
专用设备制造业	2.32	0.81	1.22	0.95
交通运输设备制造业	5.28	0.69	6.18	—
电气机械及器材制造业	4.91	0.79	2.33	—
电子及通信设备制造业	7.27	0.17	1.43	—
仪器仪表文化办公用机械	0.85	0.42	0.34	
电力蒸汽热水生产供应业	9.28	10.40	13.49	14.92
煤气的生产和供应业	0.15	0.06	0.02	—
自来水的生产和供应业	0.60	0.54	1.20	2.52

资料来源：2001 年《中国统计年鉴》《云南统计年鉴》《广西统计年鉴》《西藏统计年鉴》。

表 2 - 9　　　2021 年全国与西南边疆民族地区各细分产业产值　　单位：亿元

行业	全国	云南	广西	西藏
煤炭采选业	68701.07	681.03	52.96	0.02
石油和天然气开采业	22840.82	0.00	37.61	——
黑色金属矿采选业	12426.71	207.64	6.60	3.20
有色金属矿采选业	6598.01	822.16	248.89	76.63
非金属矿采选业	7146.41	204.43	251.61	4.53
木材及竹材采运业	3081.10	65.47	97.76	408.00
食品加工业	33422.03	658.31	1687.25	6.94
食品制造业	19040.22	287.31	238.04	4.15
饮料制造业	20521.32	472.78	305.63	21.18
烟草加工业	11702.61	2508.28	239.34	0.00
纺织业	21840.82	20.64	166.33	0.97
服装及其他纤维制品制造	11633.91	40.49	35.56	1.28
皮革、毛皮、羽毛（绒）及其制品业	7045.61	1.34	40.92	0.25
木材加工及竹、藤、棕、草制品业	5689.61	56.23	707.34	0.55
家具制造业	6957.61	13.24	38.41	1.39
造纸及纸制品业	15922.12	117.96	775.47	0.47
印刷业记录媒介的复制	7012.61	240.44	52.99	1.71
文教体育用品制造业	9561.61	68.11	37.67	1.93
石油加工及炼焦业	41344.14	471.03	619.60	——
化学原料及制品制造业	87710.09	1155.48	723.08	7.94
医药制造业	44053.14	1021.64	344.93	19.62
化学纤维制造业	10278.41	12.11	0.00	——
橡胶制品业	14562.71	62.21	102.45	1.75
塑料制品业	12886.71	50.18	57.05	1.42
非金属矿物制品业	73304.37	1228.72	1829.11	103.04
黑色金属冶炼及压延加工业	69199.87	1055.64	2639.51	0.23

续表

行业	全国	云南	广西	西藏
有色金属冶炼及压延加工业	44470.74	2550.58	1948.54	0.04
金属制品业	40862.04	181.80	218.64	1.63
普通机械制造业	56217.86	93.26	373.93	0.81
专用设备制造业	50541.95	118.09	646.71	0.32
交通运输设备制造业	120718.80	381.06	1742.93	——
电气机械及器材制造业	89975.49	173.45	342.80	0.46
电子及通信设备制造业	68701.07	816.99	1182.00	——
仪器仪表文化办公用机械	22840.82	69.55	25.84	——
电力蒸汽热水生产供应业	12426.71	8085.03	5120.59	59.63
煤气的生产和供应业	6598.01	612.53	135.65	1.84
自来水的生产和供应业	7146.41	516.48	472.01	4.11

资料来源：2022 年《中国统计年鉴》《云南统计年鉴》《广西统计年鉴》《西藏统计年鉴》。

表 2 – 10　2021 年全国与西南边疆民族地区各细分产业产值占比　单位：%

行业	全国	云南	广西	西藏
煤炭采选业	4.73	2.72	0.23	0.01
石油和天然气开采业	1.57	0.00	0.16	——
黑色金属矿采选业	0.86	0.83	0.03	0.98
有色金属矿采选业	0.45	3.28	1.06	23.36
非金属矿采选业	0.49	0.82	1.07	1.38
木材及竹材采运业	0.24	0.05	0.07	0.01
食品加工业	2.30	2.63	7.20	2.12
食品制造业	1.31	1.15	1.02	1.26
饮料制造业	1.41	1.89	1.30	6.46
烟草加工业	0.81	10.01	1.02	0.00
纺织业	1.50	0.08	0.71	0.30

续表

行业	全国	云南	广西	西藏
服装及其他纤维制品制造	0.80	0.16	0.15	0.39
皮革、毛皮、羽毛（绒）及其制品业	0.48	0.01	0.17	0.08
木材加工及竹、藤、棕、草制品业	0.39	0.22	3.02	0.17
家具制造业	0.48	0.05	0.16	0.42
造纸及纸制品业	1.10	0.47	3.31	0.14
印刷业记录媒介的复制	0.48	0.96	0.23	0.52
文教体育用品制造业	0.66	0.27	0.16	0.59
石油加工及炼焦业	2.85	1.88	2.64	—
化学原料及制品制造业	6.04	4.61	3.08	2.42
医药制造业	3.03	4.08	1.47	5.98
化学纤维制造业	0.71	0.05	0.02	—
橡胶制品业	1.00	0.25	0.44	0.53
塑料制品业	0.89	0.20	0.24	0.43
非金属矿物制品业	5.05	4.90	7.80	31.41
黑色金属冶炼及压延加工业	4.76	4.21	11.26	0.07
有色金属冶炼及压延加工业	3.06	10.18	8.31	0.01
金属制品业	2.81	0.73	0.93	0.50
普通机械制造业	3.87	0.37	1.59	0.25
专用设备制造业	3.48	0.47	2.76	0.10
交通运输设备制造业	8.31	1.52	7.43	—
电气机械及器材制造业	6.19	0.69	1.46	0.14
电子及通信设备制造业	10.55	3.26	5.04	—
仪器仪表文化办公用机械	0.91	0.28	0.11	—
电力蒸汽热水生产供应业	13.94	32.27	21.84	18.18
煤气的生产和供应业	1.06	2.44	0.58	0.56
自来水的生产和供应业	1.66	2.06	2.01	1.25

资料来源：2022 年《中国统计年鉴》《云南统计年鉴》《广西统计年鉴》《西藏统计年鉴》。

可以看出，2000～2021年全国与西南边疆民族地区三省（区）各细分产业产值及其各细分产业产值占比变化比较明显。2000～2021年全国煤炭采选业、黑色金属矿采选业、化学原料及制品制造业、医药制造业、非金属矿物制品业、有色金属冶炼及压延加工业、金属制品业、普通机械制造业、专用设备制造业、交通运输设备制造业、电气机械及器材制造业、电子及通信设备制造业、仪器仪表文化办公用机械、电力蒸汽热水生产供应业、煤气的生产和供应业、自来水的生产和供应业等产业占比提高比较快，其中多数都是技术含量比较高的产业。2000～2021年全国石油和天然气开采业，食品加工业，食品制造业，饮料制造业，烟草加工业，纺织业，服装及其他纤维制品制造，皮革、毛皮、羽毛（绒）及其制品业，木材加工及竹、藤、棕、草制品业，造纸及纸制品业，印刷业记录媒介的复制，石油加工及炼焦业，化学纤维制造业，塑料制品业等产业占比降低比较快，其中多数是技术含量不高的产业。

2000～2021年云南煤炭采选业、黑色金属矿采选业、有色金属矿采选业、非金属矿采选业、食品制造业、饮料制造业、文教体育用品制造业、石油加工及炼焦业、医药制造业、非金属矿物制品业、有色金属冶炼及压延加工业、交通运输设备制造业、电子及通信设备制造业、电力蒸汽热水生产供应业、煤气的生产和供应业、自来水的生产和供应业等产业占比提高比较快；2000～2021年云南烟草加工业、木材加工及竹、藤、棕、草制品业、造纸及纸制品业、印刷业记录媒介的复制等产业占比降低比较快。2000～2021年广西石油和天然气开采业、非金属矿采选业、木材加工及竹、藤、棕、草制品业、家具制造业、造纸及纸制品业、文教体育用品制造业、黑色金属冶炼及压延加工业、电力蒸汽热水生产供应业、煤气的生产和供应业、自来水的生产和供应业等产业占比提高比较快；2000～2021年广西煤炭采选业，有色金属矿采选业，食品加工业，食品制造业，纺织业，皮革、毛皮、羽毛（绒）及其制品业，化学原料及制品制造业，医药制造业，化学纤维制造业，普通机械制造业等产业占比降低比较快。2000～2021年西藏有色金属矿采选业、食品制造业、饮料制造业、化学原料及制品制造业、橡胶制品业、塑料制品业、非金属矿物制品业、金属制品业、电气机械及器材制造业、煤气的生产和供应业等产业占比提高比较快；2000～2021年西藏煤炭采选业、黑色金属矿采选业、非金属矿采选业、木材及竹材采运业、纺织业、木材加工及竹、藤、棕、草制品业、医药制造业、自来水的生产和供应业等产业占比降低比较快。也可以看出，2000～2021年西南边疆民族地区三省（区）占比提高比较快的细分产业主要集中在资源特色产业（如黑色金属矿采选业、有色金属矿采选业、非金属矿采选业、木材加工及竹、藤、棕、草制品业等）以及能源相关产业（电力蒸汽热水生产供应业、煤气的生产和供应业、自来水的生产和供应业等产业），但是技术含量比较高的产业占比提升不明显（如专用设备制造业、交通运输设备制造业、电气机械及器材制造业、电子及通信设备制造业、仪器仪表文化办公用机械等产业）。

（二）2000年与2021年西南边疆民族地区细分行业就业结构

2000年与2021年全国与西南边疆民族地区三省（区）细分行业就业结构（包括产业就业人员数和就业人员数占比）数据如表2-11～表2-14所示。

表2-11　　　　2000年全国与西南边疆民族地区

各细分产业就业人员数　　　　　　单位：万人

行业	全国	云南	广西	西藏
煤炭采选业	343.34	4.04	2.86	0.01
石油和天然气开采业	80.08	0.01	—	—

续表

行业	全国	云南	广西	西藏
黑色金属矿采选业	15.02	0.46	0.70	0.17
有色金属矿采选业	35.04	5.02	3.82	0.17
非金属矿采选业	33.03	1.38	1.07	0.11
木材及竹材采运业	73.07	0.64	0.28	0.02
食品加工业	113.11	4.56	9.27	0.09
食品制造业	67.07	0.61	2.24	0.08
饮料制造业	84.08	1.17	1.28	0.09
烟草加工业	27.03	3.01	0.60	—
纺织业	327.33	2.23	4.23	0.05
服装及其他纤维制品制造	120.12	0.33	0.40	0.12
皮革、毛皮、羽毛（绒）及其制品业	58.06	0.28	0.55	0.02
木材加工及竹、藤、棕、草制品业	31.03	1.22	0.98	0.14
家具制造业	16.02	0.13	0.14	0.03
造纸及纸制品业	66.07	1.51	2.68	—
印刷业记录媒介的复制	58.06	1.40	1.14	0.09
文教体育用品制造业	28.03	0.01	0.04	0.04
石油加工及炼焦业	61.06	0.21	0.22	—
化学原料及制品制造业	254.25	9.02	6.64	0.03
医药制造业	83.08	1.36	2.39	0.12
化学纤维制造业	33.03	0.04	0.29	—
橡胶制品业	43.04	0.78	1.04	
塑料制品业	61.06	0.70	0.88	0.01
非金属矿物制品业	240.24	6.82	11.73	0.46
黑色金属冶炼及压延加工业	222.22	4.49	3.77	0.00
有色金属冶炼及压延加工业	80.08	5.78	4.23	—
金属制品业	96.10	0.85	1.51	0.01
普通机械制造业	222.22	2.19	4.83	0.00

续表

行业	全国	云南	广西	西藏
专用设备制造业	163.16	2.84	2.51	0.04
交通运输设备制造业	244.24	2.02	4.75	0.23
电气机械及器材制造业	145.15	1.55	2.57	—
电子及通信设备制造业	138.14	0.25	1.09	—
仪器仪表文化办公用机械	46.05	0.72	0.55	—
电力蒸汽热水生产供应业	218.22	7.96	6.32	0.49
煤气的生产和供应业	19.02	0.30	0.04	—
自来水的生产和供应业	45.05	0.64	1.36	0.04

资料来源：2001 年《中国统计年鉴》《云南统计年鉴》《广西统计年鉴》《西藏统计年鉴》。

表 2－12　　　　　　　2000 年全国与西南边疆民族地区
各细分产业就业人员数占比　　　　单位：%

行业	全国	云南	广西	西藏
煤炭采选业	8.60	5.28	3.22	0.22
石油和天然气开采业	2.01	0.01	—	—
黑色金属矿采选业	0.38	0.60	0.79	6.47
有色金属矿采选业	0.88	6.57	4.29	6.47
非金属矿采选业	0.83	1.80	1.2	4.09
木材及竹材采运业	1.83	0.84	0.31	0.87
食品加工业	2.83	5.96	10.41	3.50
食品制造业	1.68	0.80	2.52	3.11
饮料制造业	2.11	1.53	1.44	3.35
烟草加工业	0.68	3.93	0.68	—
纺织业	8.20	2.92	4.75	2.01
服装及其他纤维制品制造	3.01	0.43	0.45	4.38

续表

行业	全国	云南	广西	西藏
皮革、毛皮、羽毛（绒）及其制品业	1.45	0.37	0.62	0.67
木材加工及竹、藤、棕、草制品业	0.78	1.60	1.10	5.08
家具制造业	0.40	0.17	0.15	1.19
造纸及纸制品业	1.66	1.97	3.01	—
印刷业记录媒介的复制	1.45	1.82	1.28	3.51
文教体育用品制造业	0.70	0.01	0.04	1.31
石油加工及炼焦业	1.53	0.27	0.25	—
化学原料及制品制造业	6.37	11.78	7.46	1.18
医药制造业	2.08	1.78	2.68	4.46
化学纤维制造业	0.83	0.05	0.32	—
橡胶制品业	1.08	1.02	1.17	—
塑料制品业	1.53	0.92	0.99	0.25
非金属矿物制品业	6.02	8.91	13.18	17.25
黑色金属冶炼及压延加工业	5.57	5.87	4.24	0.04
有色金属冶炼及压延加工业	2.01	7.55	4.75	—
金属制品业	2.41	1.11	1.69	0.53
普通机械制造业	5.57	2.86	5.43	0.06
专用设备制造业	4.09	3.71	2.82	1.51
交通运输设备制造业	6.12	2.64	5.34	8.68
电气机械及器材制造业	3.64	2.02	2.89	—
电子及通信设备制造业	3.46	0.32	1.22	—
仪器仪表文化办公用机械	1.15	0.94	0.62	—
电力蒸汽热水生产供应业	5.47	10.40	7.10	18.33
煤气的生产和供应业	0.48	0.39	0.05	—
自来水的生产和供应业	1.13	0.84	1.52	1.41

资料来源：2001 年《中国统计年鉴》《云南统计年鉴》《广西统计年鉴》《西藏统计年鉴》。

表 2 – 13 　　　　　2021 年全国与西南边疆民族地区
各细分产业就业人员数　　　单位：万人

行业	全国	云南	广西	西藏
煤炭采选业	264.16	5.66	0.06	0.01
石油和天然气开采业	55.56	0.00	0.01	—
黑色金属矿采选业	28.53	0.77	0.08	0.08
有色金属矿采选业	26.03	2.71	0.28	0.48
非金属矿采选业	29.83	0.76	0.38	0.09
木材及竹材采运业	29.03	0.12	0.09	0.01
食品加工业	274.77	5.93	5.53	0.14
食品制造业	177.78	2.93	1.32	0.06
饮料制造业	112.81	2.97	1.34	0.19
烟草加工业	15.92	2.18	0.35	—
纺织业	280.58	0.38	1.32	0.04
服装及其他纤维制品制造	256.76	0.32	0.71	0.03
皮革、毛皮、羽毛（绒）及其制品业	179.88	0.14	0.71	0.01
木材加工及竹、藤、棕、草制品业	96.30	0.91	1.08	0.01
家具制造业	111.91	0.09	0.11	0.04
造纸及纸制品业	100.10	0.92	1.15	0.01
印刷业记录媒介的复制	88.39	1.06	0.36	0.04
文教体育用品制造业	176.18	0.61	0.93	0.09
石油加工及炼焦业	78.68	1.21	0.29	0.00
化学原料及制品制造业	345.45	5.64	1.80	0.14
医药制造业	211.91	3.07	2.01	0.26
化学纤维制造业	43.64	0.05	0.00	0.00
橡胶制品业	186.39	0.84	0.75	0.02
塑料制品业	111.41	0.46	0.33	0.01
非金属矿物制品业	477.68	7.03	4.27	0.56
黑色金属冶炼及压延加工业	211.91	4.63	3.49	0.00

续表

行业	全国	云南	广西	西藏
有色金属冶炼及压延加工业	162.66	7.26	2.96	0.00
金属制品业	383.88	1.57	0.81	0.03
普通机械制造业	426.33	0.93	1.55	0.00
专用设备制造业	337.14	0.98	2.07	0.02
交通运输设备制造业	588.09	1.44	6.72	0.35
电气机械及器材制造业	585.69	1.40	1.58	0.00
电子及通信设备制造业	967.27	3.67	6.69	0.00
仪器仪表文化办公用机械	97.30	0.44	0.19	—
电力蒸汽热水生产供应业	267.97	8.77	9.35	0.99
煤气的生产和供应业	36.24	0.48	0.46	0.03
自来水的生产和供应业	54.45	0.68	1.76	0.10

资料来源：2022 年《中国统计年鉴》《云南统计年鉴》《广西统计年鉴》《西藏统计年鉴》。

表 2－14　　　　　2021 年全国与西南边疆民族地区

各细分产业就业人员数占比　　　　单位：%

行业	全国	云南	广西	西藏
煤炭采选业	3.36	7.18	0.09	0.21
石油和天然气开采业	0.71	0.00	0.01	—
黑色金属矿采选业	0.36	0.97	0.12	2.19
有色金属矿采选业	0.33	3.43	0.44	13.67
非金属矿采选业	0.38	0.96	0.60	2.66
木材及竹材采运业	0.38	0.23	0.13	0.24
食品加工业	3.50	7.51	8.81	4.10
食品制造业	2.26	3.72	2.11	1.69
饮料制造业	1.44	3.77	2.14	5.34
烟草加工业	0.20	2.76	0.55	—
纺织业	3.57	0.48	2.10	1.08

续表

行业	全国	云南	广西	西藏
服装及其他纤维制品制造	3.27	0.41	1.13	0.82
皮革、毛皮、羽毛（绒）及其制品业	2.29	0.18	1.13	0.32
木材加工及竹、藤、棕、草制品业	1.23	1.16	1.71	0.28
家具制造业	1.43	0.12	0.17	1.03
造纸及纸制品业	1.28	1.16	1.84	0.21
印刷业记录媒介的复制	1.13	1.35	0.57	1.12
文教体育用品制造业	2.24	0.78	1.47	2.68
石油加工及炼焦业	1.00	1.54	0.46	0.08
化学原料及制品制造业	4.40	7.15	2.87	4.08
医药制造业	2.70	3.89	3.21	7.57
化学纤维制造业	0.56	0.07	0.00	0.01
橡胶制品业	2.37	1.06	1.19	0.45
塑料制品业	1.42	0.58	0.53	0.34
非金属矿物制品业	6.08	8.91	6.80	16.07
黑色金属冶炼及压延加工业	2.70	5.86	5.56	0.08
有色金属冶炼及压延加工业	2.07	9.20	4.72	0.14
金属制品业	4.89	1.98	1.29	0.78
普通机械制造业	5.43	1.18	2.46	0.05
专用设备制造业	4.29	1.25	3.29	0.62
交通运输设备制造业	7.49	1.82	10.70	8.71
电气机械及器材制造业	7.46	1.78	2.52	0.10
电子及通信设备制造业	12.33	4.66	10.66	0.03
仪器仪表文化办公用机械	1.24	0.55	0.30	—
电力蒸汽热水生产供应业	3.41	11.12	14.89	28.52
煤气的生产和供应业	0.46	0.60	0.73	0.76
自来水的生产和供应业	0.69	0.86	2.80	2.95

资料来源：2022 年《中国统计年鉴》《云南统计年鉴》《广西统计年鉴》《西藏统计年鉴》。

可以看出，2000～2021 年全国与西南边疆民族地区三省（区）各细分产业就业人员数占比变化比较明显。2000～2021 年全国一些与人民群众生活水平提高相关的制造业（食品加工业，食品制造业，皮革、毛皮、羽毛（绒）及其制品业，家具制造业，文教体育用品制造业，医药制造业，橡胶制品业，金属制品业等）以及技术含量比较高的产业（专用设备制造业、交通运输设备制造业、电气机械及器材制造业、电子及通信设备制造业、仪器仪表文化办公用机械等）就业人员数占比提升比较快。2000～2021 年全国煤炭采选业、石油和天然气开采业、木材及竹材采运业、饮料制造业、烟草加工业、纺织业、石油加工及炼焦业、化学原料及制品制造业、黑色金属冶炼及压延加工业、电力蒸汽热水生产供应业、自来水的生产和供应业等产业就业人员数占比降低比较快，其中多数也都是技术含量不太高的产业。

2000～2021 年云南煤炭采选业、食品加工业、食品制造业、饮料制造业、文教体育用品制造业、石油加工及炼焦业、有色金属冶炼及压延加工业、金属制品业、电子及通信设备制造业、电力蒸汽热水生产供应业等产业就业人员数占比提升比较快。2000～2021 年云南有色金属矿采选业，非金属矿采选业，木材及竹材采运业，烟草加工业，纺织业，皮革、毛皮、羽毛（绒）及其制品业，木材加工及竹、藤、棕、草制品业，造纸及纸制品业，印刷业记录媒介的复制，化学原料及制品制造业，塑料制品业，普通机械制造业，电气机械及器材制造业等产业就业人员数占比降低比较快。2000～2021 年广西饮料制造业、医药制造业、黑色金属冶炼及压延加工业、交通运输设备制造业、电子及通信设备制造业、电力蒸汽热水生产供应业、自来水的生产和供应业等产业就业人员数占比提升比较快。2000～2021 年广西煤炭采选业、黑色金属矿采选业、有色金属矿采选业、非金属矿采选业、食品加工业、纺织业、造纸及纸制品业、印刷业记录媒介的复制、化学原料及制品制造业、非金属矿物制品业、普通机械制造业等产业就业人员数占比降低比较快。2000~2021 年西藏有色金属矿采选业、食品制造业、饮料制造业、文教体育用品制造业、化学原料及制品制造业、医药制造业、电力蒸汽热水生产供应业等产业就业人员数占比提升比较快。2000~2021 年非金属矿采选业，服装及其他纤维制品制造业，皮革、毛皮、羽毛（绒）及其制品业，木材加工及竹、藤、棕、草制品业，印刷业记录媒介的复制，专用设备制造业等产业就业人员数占比降低比较快。可以看出，2000~2021 年全国与西南边疆民族地区各细分产业产值占比与就业人员数占比有些相似之处，但是也有差异。因为 2000~2021 年全国与西南边疆民族地区为了协调某些产业的就业压力而增加了一些就业岗位数，这使得 2000~2021 年全国与西南边疆民族地区各细分产业产值占比与就业人员数占比不尽一致。

第二节　西南边疆民族地区产业发展绩效与产业升级存在问题

西南边疆民族地区经济发展水平与东部地区经济发展水平有一定的差距，因此，加快西南边疆民族地区产业的发展，把资源优势尽快转换为经济优势，把发展潜力尽快转变为现实生产力，是缩小与东部地区经济发达省份之间差距的重要途径之一。那么对西南边疆民族地区产业发展绩效进行评价，对西南边疆民族地区产业结构升级存在的问题进行分析就显得很有必要。

一、西南边疆民族地区产业发展绩效评价

首先，建立西南边疆民族地区产业发展绩效评价指标体系；其次，对评价指标体系中的各指标数据进行标准化处理，再运用因子分

析方法进行评价分析；最后，得出评价结果。

（一）西南边疆民族地区产业发展绩效评价指标体系的构建

本节考虑指标选择的科学性、动态性和可操作性，结合西南边疆民族地区产业发展的实际情况，将指标体系分为 2 大类共 7 个指标，分别是：区位商、资产利税率、产值占全省 GDP 的比重、产业增加值占全国同一产业增加值的比重、劳动生产率、市场占有率和就业贡献率。区位商 = 一个地区某种产业生产产值（劳动力）在该地区所有产业产值（劳动力）中所占的比重/全国该产业产值（劳动力）占全国所有产业该指标的比重之比；资产利税率 = （某行业利税总额/该行业资产总计）×100%；劳动生产率 = 某产业产值/该产业从业人员数；市场占有率 = 本地区某产业的销售收入/全国同类某产业的销售收入；就业贡献率 = 本地区某产业年平均就业人员/本地区就业总数。为了能够体现出西部大开发以来西南边疆民族地区三省（区）产业发展绩效的变化，将 2000 年与 2021 年西南边疆民族地区三省（区）产业发展绩效进行比较分析。根据西南边疆民族地区三省（区）2001 年和 2022 年统计年鉴中所包含的工业行业个数，可以计算出西南边疆民族地区产业发展绩效评价指标体系中的七个指标数据（计算结果见附录 1 中附表 1 ~ 附表 6）。

因为附录 1 中附表 1 ~ 附表 6 中评价指标数据的量纲和数量级不一致，会使因子分析结果受到影响，所以对这些评价指标数据进行无量纲化处理，无量纲化处理后的数据不仅有效消除了量纲与数量级的影响，也使得处理后的数据包含了原始数据的全部信息，本章采用的无量纲化处理方法为：

$$p_i = \begin{cases} (c_i - c_{\min})/(c_{\max} - c_{\min}) & (\text{为正作用指标标准化}) \\ (c_{\max} - c_i)/(c_{\max} - c_{\min}) & (\text{为负作用指标标准化}) \end{cases}$$

其中，C_i 为某指标数据，C_{min} 为该组指标数据的最小值，C_{max} 为该组指标数据的最大值，P_i 为无量纲化处理后的标准数据。经过上述无量纲化处理，使得各指标数据都处于同一个数量级别，其具体数值都介于 $0 \sim 1$，可以进行因子分析。2000 年与 2021 年西南边疆民族地区三省（区）产业发展绩效相关指标体系无量纲化处理后的指标数据如表 2–15 ~ 表 2–20 所示。

表 2–15　　云南产业发展绩效相关指标体系无量纲化

处理后的指标数据（2000 年）

行业	指标 1	指标 2	指标 3	指标 4	指标 5	指标 6	指标 7
煤炭采选业	0.04	0.26	0.03	0.04	0.01	0.04	0.46
石油和天然气开采业	0.00	0.17	0.00	0.00	0.02	0.00	0.00
黑色金属矿采选业	0.07	0.25	0.01	0.07	0.04	0.07	0.05
有色金属矿采选业	0.21	0.30	0.06	0.21	0.03	0.24	0.56
非金属矿采选业	0.06	0.26	0.01	0.06	0.02	0.07	0.15
木材及竹材采运业	0.03	0.23	0.00	0.03	0.00	0.03	0.08
食品加工业	0.06	0.30	0.15	0.06	0.09	0.06	0.51
食品制造业	0.01	0.25	0.01	0.01	0.01	0.01	0.08
饮料制造业	0.02	0.30	0.03	0.02	0.06	0.03	0.13
烟草加工业	1.00	1.00	1.00	1.00	1.00	1.00	0.33
纺织业	0.00	0.28	0.02	0.01	0.01	0.01	0.26
服装及其他纤维制品制造业	0.00	0.24	0.00	0.00	0.02	0.00	0.03
皮革、毛皮、羽毛（绒）及其制品业	0.00	0.23	0.00	0.00	0.03	0.00	0.03
木材加工及竹、藤、棕、草制品业	0.05	0.23	0.02	0.05	0.04	0.05	0.13
家具制造业	0.01	0.27	0.00	0.01	0.07	0.01	0.03
造纸及纸制品业	0.05	0.33	0.05	0.05	0.09	0.05	0.18
印刷业记录媒介的复制	0.17	0.43	0.07	0.17	0.14	0.16	0.15
文教体育用品制造业	0.00	0.00	0.00	0.00	0.01	0.00	0.00

续表

行业	指标1	指标2	指标3	指标4	指标5	指标6	指标7
石油加工及炼焦业	0.00	0.26	0.00	0.00	0.04	0.00	0.03
化学原料及制品制造业	0.06	0.24	0.24	0.06	0.07	0.06	1.00
医药制造业	0.06	0.41	0.07	0.06	0.15	0.06	0.15
化学纤维制造业	0.01	0.71	0.01	0.01	0.82	0.02	0.00
橡胶制品业	0.02	0.21	0.01	0.02	0.04	0.02	0.08
塑料制品业	0.02	0.31	0.03	0.02	0.11	0.02	0.08
非金属矿物制品业	0.05	0.29	0.12	0.05	0.04	0.05	0.77
黑色金属冶炼及压延加工业	0.04	0.32	0.14	0.04	0.09	0.04	0.51
有色金属冶炼及压延加工业	0.17	0.32	0.26	0.17	0.13	0.20	0.64
金属制品业	0.01	0.32	0.02	0.01	0.07	0.01	0.10
普通机械制造业	0.02	0.28	0.03	0.02	0.04	0.02	0.26
专用设备制造业	0.02	0.25	0.04	0.02	0.03	0.02	0.31
交通运输设备制造业	0.01	0.24	0.05	0.01	0.07	0.02	0.23
电气机械及器材制造业	0.01	0.32	0.04	0.01	0.07	0.01	0.18
电子及通信设备制造业	0.00	0.32	0.01	0.00	0.13	0.00	0.03
仪器仪表文化办公用机械	0.03	0.26	0.02	0.03	0.05	0.02	0.08
电力蒸汽热水生产供应业	0.07	0.31	0.23	0.07	0.08	0.05	0.90
煤气的生产和供应业	0.08	0.23	0.01	0.08	0.08	0.08	0.03
自来水的生产和供应业	0.06	0.28	0.01	0.06	0.05	0.06	0.08

表2－16 云南产业发展绩效相关指标体系无量纲化

处理后的指标数据（2021年）

行业	指标1	指标2	指标3	指标4	指标5	指标6	指标7
煤炭开采和洗涤业	0.03	0.27	0.09	0.05	0.02	0.04	0.70
石油和天然气开采业	0.00	0.11	0.00	0.00	0.05	0.00	0.00
黑色金属矿采选业	0.08	0.18	0.06	0.12	0.06	0.11	0.16

续表

行业	指标1	指标2	指标3	指标4	指标5	指标6	指标7
有色金属矿采选业	0.23	0.48	0.11	0.33	0.03	0.32	0.81
非金属矿采选业	0.10	0.34	0.03	0.16	0.07	0.17	0.10
农副食品加工业	0.04	0.19	0.16	0.04	0.03	0.04	0.41
食品制造业	0.02	0.21	0.03	0.02	0.02	0.02	0.09
饮料制造业	0.07	0.28	0.07	0.07	0.05	0.06	0.21
烟草制品业	1.00	1.00	0.77	1.00	1.00	1.00	0.29
纺织业	0.00	0.03	0.01	0.00	0.00	0.00	0.13
纺织服装、鞋、帽制造业	0.00	0.05	0.00	0.00	0.01	0.00	0.01
皮革、毛皮、羽毛（绒）及其制品业	0.00	0.29	0.00	0.00	0.00	0.00	0.00
木材加工及木、竹、藤、棕、草制品业	0.02	0.08	0.02	0.00	0.01	0.02	0.11
家具制造业	0.00	0.06	0.00	0.00	0.00	0.00	0.00
造纸及纸制品业	0.03	0.19	0.04	0.00	0.03	0.03	0.14
印刷业和记录媒介的复制	0.10	0.39	0.05	0.02	0.06	0.11	0.12
文教体育用品制造业	0.00	0.22	0.00	0.00	0.03	0.00	0.00
石油加工、炼焦及核燃料加工业	0.03	0.16	0.11	0.03	0.06	0.03	0.16
化学原料及化学制品制造业	0.07	0.15	0.39	0.00	0.05	0.07	0.70
医药制造业	0.06	0.24	0.08	0.13	0.09	0.06	0.18
化学纤维制造业	0.01	0.68	0.01	0.00	0.60	0.01	0.00
橡胶制品业	0.00	0.22	0.00	0.00	0.03	0.00	0.01
塑料制品业	0.01	0.15	0.03	0.04	0.02	0.02	0.07
非金属矿物制品业	0.04	0.10	0.13	0.00	0.02	0.04	0.55
黑色金属冶炼及压延加工业	0.07	0.23	0.53	0.06	0.07	0.07	0.55
有色金属冶炼及压延加工业	0.28	0.31	1.00	0.08	0.10	0.29	1.00
金属制品业	0.01	0.11	0.02	0.02	0.02	0.01	0.05
通用设备制造业	0.01	0.19	0.05	0.00	0.04	0.01	0.17

续表

行业	指标1	指标2	指标3	指标4	指标5	指标6	指标7
专用设备制造业	0.02	0.08	0.04	0.01	0.03	0.02	0.14
交通运输设备制造业	0.01	0.13	0.09	0.04	0.04	0.01	0.18
电气机械及器材制造业	0.01	0.16	0.06	0.00	0.05	0.01	0.10
通信设备、计算机及其他电子设备制造业	0.00	0.13	0.01	0.05	0.07	0.00	0.02
仪器仪表及文化、办公用机械制造业	0.01	0.07	0.01	0.00	0.02	0.02	0.04
工艺品及其他制造业	0.01	0.20	0.01	0.24	0.02	0.01	0.02
废弃资源和废旧材料回收加工业	0.01	0.38	0.00	0.01	0.03	0.01	0.00
电力、热力的生产和供应业	0.05	0.11	0.26	0.02	0.13	0.09	0.64
燃气生产和供应业	0.03	0.00	0.01	0.02	0.01	0.04	0.02
水的生产和供应业	0.04	0.07	0.01	0.00	0.05	0.07	0.04

表2-17　　　广西产业发展绩效相关指标体系无量纲化
处理后的指标数据（2000年）

行业	指标1	指标2	指标3	指标4	指标5	指标6	指标7
煤炭采选业	0.05	0.07	0.04	0.03	0.00	0.04	0.24
黑色金属矿采选业	0.28	0.18	0.03	0.27	0.08	0.28	0.07
有色金属矿采选业	1.00	0.28	0.29	1.00	0.14	1.00	0.33
非金属矿采选业	0.16	0.16	0.04	0.15	0.05	0.16	0.09
木材及竹材采运业	0.06	0.15	0.00	0.05	0.01	0.07	0.02
食品加工业	0.37	0.20	1.00	0.37	0.22	0.36	0.80
食品制造业	0.13	0.11	0.14	0.14	0.11	0.13	0.20
饮料制造业	0.09	0.21	0.12	0.10	0.18	0.09	0.11
烟草加工业	0.13	1.00	0.13	0.13	0.49	0.12	0.04
纺织业	0.04	0.12	0.15	0.04	0.05	0.04	0.37

续表

行业	指标1	指标2	指标3	指标4	指标5	指标6	指标7
服装及其他纤维制品制造业	0.00	0.08	0.01	0.01	0.03	0.00	0.04
皮革、毛皮、羽毛（绒）及其制品业	0.04	0.00	0.04	0.05	0.15	0.04	0.04
木材加工及竹、藤、棕、草制品业	0.16	0.16	0.08	0.16	0.15	0.15	0.09
家具制造业	0.02	0.17	0.00	0.02	0.05	0.02	0.02
造纸及纸制品业	0.17	0.12	0.20	0.17	0.14	0.16	0.24
印刷业记录媒介的复制	0.08	0.10	0.04	0.09	0.04	0.08	0.11
文教体育用品制造业	0.00	0.05	0.00	0.00	0.01	0.00	0.00
石油加工及炼焦业	0.03	0.71	0.10	0.03	1.00	0.03	0.02
化学原料及制品制造业	0.12	0.15	0.51	0.12	0.14	0.11	0.57
医药制造业	0.17	0.60	0.22	0.17	0.18	0.16	0.20
化学纤维制造业	0.03	0.04	0.02	0.03	0.17	0.03	0.02
橡胶制品业	0.09	0.09	0.05	0.09	0.09	0.09	0.09
塑料制品业	0.03	0.11	0.05	0.04	0.09	0.03	0.07
非金属矿物制品业	0.16	0.08	0.43	0.16	0.05	0.16	1.00
黑色金属冶炼及压延加工业	0.08	0.16	0.27	0.08	0.13	0.08	0.33
有色金属冶炼及压延加工业	0.34	0.29	0.53	0.34	0.26	0.32	0.37
金属制品业	0.04	0.21	0.08	0.04	0.08	0.04	0.13
普通机械制造业	0.14	0.15	0.31	0.14	0.12	0.15	0.41
专用设备制造业	0.06	0.07	0.10	0.07	0.06	0.07	0.22
交通运输设备制造业	0.16	0.28	0.61	0.16	0.26	0.15	0.41
电气机械及器材制造业	0.05	0.16	0.18	0.05	0.13	0.06	0.22
电子及通信设备制造业	0.01	0.18	0.09	0.02	0.16	0.01	0.09
仪器仪表文化办公用机械	0.03	0.10	0.02	0.03	0.05	0.02	0.04
电力蒸汽热水生产供应业	0.13	0.14	0.45	0.14	0.13	0.12	0.54
煤气的生产和供应业	0.01	0.06	0.00	0.01	0.02	0.01	0.00
自来水的生产和供应业	0.19	0.09	0.04	0.19	0.04	0.19	0.11

表 2 – 18　　广西产业发展绩效相关指标体系无量纲化

处理后的指标数据（2021 年）

行业	指标 1	指标 2	指标 3	指标 4	指标 5	指标 6	指标 7
煤炭开采和洗选业	0.02	0.24	0.03	0.03	0.00	0.03	0.15
黑色金属矿采选业	0.37	0.41	0.08	0.43	0.09	0.38	0.10
有色金属矿采选业	1.00	0.25	0.19	1.15	0.11	1.00	0.20
非金属矿采选业	0.54	0.24	0.07	0.62	0.07	0.58	0.10
农副食品加工业	0.87	0.08	0.90	1.00	0.11	0.95	0.88
食品制造业	0.23	0.15	0.09	0.27	0.04	0.23	0.20
饮料制造业	0.53	0.26	0.19	0.60	0.08	0.55	0.22
烟草制品业	0.54	1.00	0.25	0.62	1.00	0.64	0.02
纺织业	0.09	0.02	0.09	0.10	0.01	0.09	0.39
纺织服装、鞋、帽制造业	0.03	0.19	0.02	0.04	0.00	0.04	0.07
皮革、毛皮、羽毛（绒）及其制品业	0.18	0.07	0.05	0.21	0.02	0.19	0.12
木材加工及竹、藤、棕、草制品业	0.85	0.17	0.22	0.98	0.04	0.88	0.44
家具制造业	0.06	0.10	0.01	0.06	0.02	0.05	0.02
造纸及纸制品业	0.35	0.05	0.15	0.40	0.05	0.38	0.27
印刷业和记录媒介的复制	0.31	0.23	0.05	0.35	0.07	0.31	0.07
文教体育用品制造业	0.04	0.14	0.01	0.04	0.03	0.05	0.02
石油加工、炼焦及核燃料加工业	0.08	0.14	0.07	0.10	0.49	0.10	0.02
化学原料及化学制品制造业	0.24	0.08	0.46	0.28	0.07	0.28	0.66
医药制造业	0.32	0.15	0.16	0.37	0.05	0.40	0.27
化学纤维制造业	0.00	0.20	0.00	0.00	0.07	0.00	0.00
橡胶制品业	0.10	0.04	0.03	0.11	0.05	0.11	0.05
塑料制品业	0.10	0.08	0.06	0.11	0.05	0.12	0.12
非金属矿物制品业	0.35	0.19	0.42	0.40	0.03	0.42	1.00
黑色金属冶炼及压延加工业	0.47	0.09	0.82	0.54	0.20	0.53	0.46

续表

行业	指标1	指标2	指标3	指标4	指标5	指标6	指标7
有色金属冶炼及压延加工业	0.46	0.07	0.49	0.52	0.12	0.53	0.41
金属制品业	0.08	0.10	0.08	0.10	0.07	0.10	0.12
通用设备制造业	0.09	0.04	0.23	0.11	0.09	0.11	0.24
专用设备制造业	0.35	0.05	0.19	0.40	0.07	0.41	0.27
交通运输设备制造业	0.52	0.10	0.81	0.59	0.13	0.61	0.68
电气机械及器材制造业	0.10	0.08	0.19	0.12	0.10	0.12	0.20
通信设备、计算机及其他电子设备制造业	0.04	0.06	0.16	0.05	0.06	0.05	0.24
仪器仪表及文化、办公用机械制造业	0.04	0.09	0.02	0.04	0.03	0.05	0.05
工艺品及其他制造业	0.14	0.06	0.04	0.16	0.01	0.17	0.15
废弃资源和废旧材料回收加工业	0.23	0.72	0.02	0.27	0.81	0.27	0.00
电力、热力的生产和供应业	0.50	0.15	1.00	0.58	0.17	0.58	0.68
燃气生产和供应业	0.13	0.00	0.01	0.14	0.16	0.14	0.00
水的生产和供应业	0.36	0.04	0.03	0.41	0.02	0.43	0.10

表 2 - 19　　　　西藏产业发展绩效相关指标体系无量纲化

处理后的指标数据（2000 年）

行业	指标1	指标2	指标3	指标4	指标5	指标6	指标7
煤炭采选业	0.01	0.02	0.03	0.01	0.64	0.00	0.00
黑色金属矿采选业	1.00	0.02	0.42	1.00	0.37	1.00	0.35
有色金属矿采选业	0.44	0.05	0.46	0.43	0.40	0.09	0.35
非金属矿采选业	0.26	0.02	0.24	0.26	0.33	0.20	0.23
木材采运业	0.35	0.07	0.11	0.35	0.17	0.16	0.20
食品加工业	0.02	0.01	0.16	0.01	0.28	0.01	0.18
食品制造业	0.00	0.01	0.01	0.00	0.07	0.00	0.05

续表

行业	指标1	指标2	指标3	指标4	指标5	指标6	指标7
饮料制造业	0.10	0.03	0.43	0.10	0.73	0.04	0.18
纺织业	0.00	0.00	0.02	0.00	0.06	0.00	0.10
服装及其他纤维制品制造业	0.00	0.01	0.03	0.00	0.03	0.00	0.23
皮革、毛皮、羽毛（绒）及其制品业	0.01	0.01	0.02	0.00	0.16	0.00	0.03
木材加工及竹、藤、棕、草制品业	0.12	0.01	0.19	0.11	0.22	0.04	0.28
家具制造业	0.01	0.03	0.01	0.01	0.06	0.01	0.08
印刷业	0.08	0.01	0.12	0.07	0.20	0.03	0.20
文教体育用品制造业	0.01	0.01	0.01	0.00	0.09	0.00	0.03
化学原料及化学制品制造业	0.00	1.00	0.04	0.00	0.17	0.00	0.08
医药制造业	0.17	0.05	0.79	0.17	1.00	0.06	0.25
塑料制品业	0.00	0.06	0.02	0.00	0.19	0.01	0.03
非金属矿物制品业	0.11	0.02	1.00	0.10	0.33	0.05	0.93
黑色金属矿冶炼及压延加工业	0.00	0.01	0.00	0.00	0.40	0.00	0.00
金属制品业	0.00	0.01	0.00	0.00	0.03	0.00	0.03
普通机械制造业	0.00	0.01	0.00	0.00	0.00	0.00	0.00
专用设备制造业	0.01	0.01	0.06	0.01	0.21	0.00	0.08
交通运输设备制造业	0.01	0.02	0.10	0.01	0.07	0.01	0.48
电力、蒸汽、热水生产及供应业	0.06	0.01	0.73	0.06	0.22	0.01	1.00
水的生产和供应业	0.15	0.02	0.13	0.15	0.51	0.06	0.08

表 2-20　　　西藏产业发展绩效相关指标体系无量纲化

处理后的指标数据（2021 年）

行业	指标1	指标2	指标3	指标4	指标5	指标6	指标7
黑色金属矿采选业	0.43	0.99	0.59	0.42	0.38	0.70	0.46
有色金属矿采选业	1.00	0.26	0.99	1.00	0.52	1.00	0.58
非金属矿采选业	0.04	0.54	0.02	0.03	0.75	0.04	0.00

续表

行业	指标 1	指标 2	指标 3	指标 4	指标 5	指标 6	指标 7
农副食品加工业	0.02	0.21	0.18	0.03	0.43	0.04	0.13
食品制造业	0.03	0.20	0.08	0.03	0.37	0.04	0.08
饮料制造业	0.33	0.31	0.74	0.32	1.00	0.33	0.25
纺织业	0.00	1.00	0.04	0.00	0.42	0.00	0.04
纺织服装、鞋、帽制造业	0.00	0.38	0.00	0.00	0.00	0.00	0.04
皮革、毛皮、羽毛（绒）及其制品业	0.00	0.17	0.00	0.00	0.01	0.00	0.04
木材加工及竹、藤、棕、草制品业	0.08	0.33	0.13	0.06	0.11	0.07	0.25
印刷业和记录媒介的复制	0.11	0.18	0.10	0.10	0.06	0.15	0.29
化学原料及化学制品制造业	0.00	0.42	0.04	0.00	0.16	0.00	0.04
医药制造业	0.23	0.61	0.67	0.23	0.80	0.22	0.29
非金属矿物制品业	0.13	0.22	1.00	0.13	0.29	0.15	1.00
交通运输设备制造业	0.00	0.33	0.06	0.00	0.87	0.00	0.04
工艺品及其他制造业	0.02	0.00	0.03	0.03	0.17	0.04	0.04
电力、热力的生产和供应业	0.07	0.14	0.74	0.06	0.20	0.07	0.96
水的生产和供应业	0.32	0.18	0.10	0.32	0.33	0.26	0.08

（二）西南边疆民族地区三省（区）产业发展绩效评价过程

将西南边疆民族地区三省（区）工业行业对应的 7 个指标的无量纲化后的数据输入到 SPSS 软件中，并且用因子分析方法进行分析。巴特利特球形检验（Bartlett test of sphericity）给出的相伴概率都小于显著性水平 0.05，表明适合用因子分析进行绩效评价。SPSS 软件先给出西南边疆民族地区三省（区）工业行业对应的 7 个指标归并成 3

个因子的得分（见附录 1 中附表 7 ~ 附表 12），然后给出西南边疆民族地区三省（区）工业行业产业发展绩效的综合得分、排名和类别（见表 2 -21 ~ 表 2 -26）。

表 2 -21　　　　云南工业行业产业发展绩效的综合得分、
排名和类别（2000 年）

产业	综合得分	排名	类别
烟草加工业	3.464184	1	1
有色金属冶炼及压延加工业	0.549682	2	1
有色金属矿采选业	0.418837	3	1
电力蒸汽热水生产供应业	0.330001	4	1
化学原料及制品制造业	0.328143	5	1
印刷业记录媒介的复制	0.260262	6	1
化学纤维制造业	0.149640	7	1
非金属矿物制品业	0.148646	8	1
食品加工业	0.125953	9	1
黑色金属冶炼及压延加工业	0.082139	10	1
医药制造业	0.011264	11	1
造纸及纸制品业	- 0.072460	12	1
煤炭采选业	- 0.072460	13	1
煤气的生产和供应业	- 0.136410	14	2
非金属矿采选业	- 0.137370	15	2
自来水的生产和供应业	- 0.150310	16	2
黑色金属矿采选业	- 0.154910	17	2
专用设备制造业	- 0.159900	18	2
普通机械制造业	- 0.167530	19	2
木材加工及竹、藤、棕、草制品业	- 0.174850	20	2
电气机械及器材制造业	- 0.181870	21	2

续表

产业	综合得分	排名	类别
交通运输设备制造业	－0.187270	22	2
饮料制造业	－0.188770	23	2
塑料制品业	－0.193630	24	2
纺织业	－0.214610	25	3
金属制品业	－0.224600	26	3
仪器仪表文化办公用机械	－0.227730	27	3
电子及通信设备制造业	－0.260920	28	3
木材及竹材采运业	－0.264830	29	3
橡胶制品业	－0.277240	30	3
食品制造业	－0.281130	31	3
家具制造业	－0.287480	32	3
石油加工及炼焦业	－0.323920	33	3
服装及其他纤维制品制造业	－0.339340	34	3
皮革、毛皮、羽毛（绒）及其制品业	－0.341050	35	3
石油和天然气开采业	－0.382520	36	3
文教体育用品制造业	－0.465620	37	3

表 2－22　　云南工业行业产业发展绩效的综合得分、排名和类别（2021 年）

产业	综合得分	排名	类别
烟草制品业	3.8562	1	1
有色金属矿采选业	1.1481	2	1
有色金属冶炼及压延加工业	0.8490	3	1
煤炭开采和洗涤业	0.2933	4	1
黑色金属矿采选业	0.2428	5	1
黑色金属冶炼及压延加工业	0.2355	6	1

续表

产业	综合得分	排名	类别
非金属矿采选业	0.2312	7	1
化学纤维制造业	0.1788	8	1
工艺品及其他制造业	0.1502	9	1
电力、热力的生产和供应业	0.1440	10	1
印刷业和记录媒介的复制	0.0901	11	1
饮料制造业	0.0663	12	1
化学原料及化学制品制造业	0.0085	13	1
农副食品加工业	− 0.0035	14	1
医药制造业	− 0.0250	15	1
塑料制品业	− 0.0879	16	2
非金属矿物制品业	− 0.1659	17	2
食品制造业	− 0.1841	18	2
交通运输设备制造业	− 0.2028	19	2
石油加工、炼焦及核燃料加工业	− 0.2176	20	2
废弃资源和废旧材料回收加工业	− 0.2277	21	2
通信设备、计算机及其他电子设备制造业	− 0.2322	22	2
水的生产和供应业	− 0.2560	23	2
皮革、毛皮、羽毛（绒）及其制品业	− 0.2665	24	2
石油和天然气开采业	− 0.2708	25	2
纺织业	− 0.2800	26	2
通用设备制造业	− 0.2886	27	2
文教体育用品制造业	− 0.3150	28	3
专用设备制造业	− 0.3214	29	3
造纸及纸制品业	− 0.3366	30	3
金属制品业	− 0.3622	31	3
燃气生产和供应业	− 0.3872	32	3

续表

产业	综合得分	排名	类别
电气机械及器材制造业	− 0.4007	33	3
橡胶制品业	− 0.4373	34	3
木材加工及竹、藤、棕、草制品业	− 0.4463	36	3
仪器仪表及文化、办公用机械制造业	− 0.4926	36	3
纺织服装、鞋、帽制造业	− 0.5511	37	3
家具制造业	− 0.7349	38	3

表 2 – 23　　　　　广西工业行业产业发展绩效的综合得分、

排名和类别（2000 年）

产业	综合得分	排名	类别
有色金属矿采选业	2.16889	1	1
食品加工业	1.32022	2	1
有色金属冶炼及压延加工业	0.88813	3	1
烟草加工业	0.69972	4	1
石油加工及炼焦业	0.61706	5	1
交通运输设备制造业	0.53893	6	1
医药制造业	0.40079	7	1
非金属矿物制品业	0.38735	8	1
化学原料及制品制造业	0.28856	9	1
电力蒸汽热水生产供应业	0.24108	10	1
黑色金属矿采选业	0.15635	11	1
普通机械制造业	0.14370	12	1
造纸及纸制品业	0.06132	13	1
黑色金属冶炼及压延加工业	− 0.04485	14	1
木材加工及竹、藤、棕、草制品业	− 0.05946	15	1
食品制造业	− 0.10212	16	1

续表

产业	综合得分	排名	类别
饮料制造业	-0.11844	17	2
自来水的生产和供应业	-0.12240	18	2
非金属矿采选业	-0.14175	19	2
电气机械及器材制造业	-0.19145	20	2
纺织业	-0.27594	21	2
橡胶制品业	-0.31803	22	2
专用设备制造业	-0.32288	23	2
金属制品业	-0.32414	24	2
电子及通信设备制造业	-0.34907	25	2
印刷业记录媒介的复制	-0.35416	26	3
煤炭采选业	-0.43756	27	3
塑料制品业	-0.43816	28	3
木材及竹材采运业	-0.44588	29	3
皮革、毛皮、羽毛（绒）及其制品业	-0.46650	30	3
化学纤维制造业	-0.47414	31	3
家具制造业	-0.50776	32	3
仪器仪表文化办公用机械	-0.51512	33	3
服装及其他纤维制品制造业	-0.60008	34	3
煤气的生产和供应业	-0.63514	35	3
文教体育用品制造业	-0.66706	36	3

表 2 - 24　　　　广西工业行业产业发展绩效的综合得分、
排名和类别（2021 年）

产业	综合得分	排名	类别
烟草制品业	1.4609	1	1
农副食品加工业	1.3237	2	1

续表

产业	综合得分	排名	类别
有色金属矿采选业	0.9972	3	1
电力、热力的生产和供应业	0.8734	4	1
木材加工及竹、藤、棕、草制品业	0.8034	5	1
交通运输设备制造业	0.7500	6	1
黑色金属冶炼及压延加工业	0.6365	7	1
废弃资源和废旧材料回收加工业	0.5746	8	1
非金属矿物制品业	0.4253	8	1
有色金属冶炼及压延加工业	0.3810	10	1
饮料制造业	0.3413	11	1
非金属矿采选业	0.2479	12	1
黑色金属矿采选业	0.1291	13	1
化学原料及化学制品制造业	0.1134	14	1
医药制造业	−0.0075	15	1
专用设备制造业	−0.0146	16	1
造纸及纸制品业	−0.0612	17	1
印刷业和记录媒介的复制	−0.1201	18	2
水的生产和供应业	−0.1741	19	2
石油加工、炼焦及核燃料加工业	−0.2084	20	2
食品制造业	−0.2340	21	2
电气机械及器材制造业	−0.3634	22	2
通用设备制造业	−0.3764	23	2
皮革、毛皮、羽毛（绒）及其制品业	−0.4136	24	2
工艺品及其他制造业	−0.4690	25	2
纺织业	−0.4703	26	2
金属制品业	−0.4784	27	2
塑料制品业	−0.4920	28	3

续表

产业	综合得分	排名	类别
通信设备、计算机及其他电子设备制造业	−0.4923	29	3
燃气生产和供应业	−0.5014	30	3
煤炭开采和洗选业	−0.5358	31	3
橡胶制品业	−0.5622	32	3
纺织服装、鞋、帽制造业	−0.5886	33	3
文教体育用品制造业	−0.6144	34	3
化学纤维制造业	−0.6179	35	3
家具制造业	−0.6301	36	3
仪器仪表及文化、办公用机械制造业	−0.6317	37	3

表 2 – 25　　　　　西藏工业行业产业发展绩效的综合得分、

排名和类别（2000 年）

产业	综合得分	排名	类别
黑色金属矿采选业	2.619444	1	1
有色金属矿采选业	0.832588	2	1
医药制造业	0.631880	3	1
木材采运业	0.524757	4	1
非金属矿物制品业	0.512291	5	1
非金属矿采选业	0.509778	6	1
电力、蒸汽、热水生产及供应业	0.291850	7	1
饮料制造业	0.255028	8	1
自来水的生产和供应业	0.172280	9	1
木材加工及竹、藤、棕、草制品业	0.063984	10	1
印刷业	−0.055330	11	2
煤炭采选业	−0.137230	12	2
食品加工业	−0.152140	13	2

续表

产业	综合得分	排名	类别
交通运输设备制造业	− 0.175750	14	2
化学原料及化学制品制造业	− 0.180700	15	2
黑色金属矿冶炼及压延加工业	− 0.236930	16	2
专用设备制造业	− 0.239080	17	2
塑料制品业	− 0.275910	18	2
服装及其他纤维制品制造业	− 0.287740	19	3
家具制造业	− 0.292840	20	3
皮革、毛皮、羽毛（绒）及其制品业	− 0.294990	21	3
纺织业	− 0.311490	22	3
文教体育用品制造业	− 0.318720	23	3
食品制造业	− 0.321340	24	3
金属制品业	− 0.344140	25	3
普通机械制造业	− 0.361860	26	3

表 2 – 26　　西藏工业行业产业发展绩效的综合得分、排名和类别（2021 年）

产业	综合得分	排名	类别
有色金属矿采选业	2.1709	1	1
黑色金属矿采选业	0.9661	2	1
饮料制造业	0.5969	3	1
医药制造业	0.3416	4	1
水的生产和供应业	0.2543	5	1
非金属矿物制品业	0.0929	6	1
电力、热力的生产和供应业	− 0.1569	7	1
印刷业和记录媒介的复制	− 0.2195	8	2
非金属矿采选业	− 0.2826	9	2

产业	综合得分	排名	类别
木材加工及竹、藤、棕、草制品业	−0.3057	10	2
农副食品加工业	−0.3495	11	2
交通运输设备制造业	−0.3594	12	2
纺织业	−0.3741	13	2
食品制造业	−0.3773	14	3
工艺品及其他制造业	−0.4543	15	3
化学原料及化学制品制造业	−0.4792	16	3
纺织服装、鞋、帽制造业	−0.5221	17	3
皮革、毛皮、羽毛（绒）及其制品业	−0.5421	18	3

可以看出，2000 年云南发展绩效比较好的产业为能源产业（包括电力蒸汽热水生产供应业和煤炭采选业）；化工产业（包括化学原料及制品制造业）；矿产冶金业（包括有色金属冶炼及压延加工业、有色金属矿采选业、非金属矿物制品业和黑色金属冶炼及压延加工业）；轻纺及医药制造业（包括医药制造业、印刷业记录媒介的复制和造纸及纸制品业）；农牧产品加工业（包括烟草加工业和食品加工业）。2021 年云南发展绩效比较好的产业为能源产业（包括电力、热力的生产和供应业以及煤炭开采和洗涤业）；化工产业（化学原料及制品制造业）；矿产冶金业（包括有色金属冶炼及压延加工业、黑色金属冶炼及压延加工业、黑色金属矿采选业、有色金属矿采选业和非金属矿采选业）；轻纺及医药制造业（包括工艺品及其他制造业、医药制造业和印刷业记录媒介的复制）；农牧产品加工业（包括烟草制品业、饮料制造业和农副食品加工业）。

2000 年广西发展绩效比较好的产业为能源产业（包括电力蒸汽热水生产供应业）；化工产业（包括化学原料及制品制造业）；矿产

冶金业（有色金属矿采选业、有色金属冶炼及压延加工业、非金属矿物制品业、黑色金属矿采选业、黑色金属冶炼及压延加工业）；农牧产品加工业（包括食品加工业、烟草加工业、食品制造业）；装备制造业（包括交通运输设备制造业、普通机械制造业）；轻纺及医药制造业（包括医药制造业、造纸及纸制品业、木材加工及竹、藤、棕、草制品业）。2021年广西发展绩效比较好的产业为能源产业（包括电力、热力的生产和供应业）；矿产冶金业（包括有色金属矿采选业、黑色金属冶炼及压延加工业、非金属矿物制品业、有色金属冶炼及压延加工业、非金属矿采选业和黑色金属矿采选业）；装备制造业（包括交通运输设备制造业、专用设备制造业）；轻纺及医药制造业（包括木材加工及竹、藤、棕、草制品业、造纸及纸制品业和医药制造业）；农牧产品加工业（包括烟草制品业、农副食品加工业和饮料制造业）。

2000年西藏发展绩效比较好的产业为能源产业（包括电力、热力的生产和供应业以及自来水的生产和供应业）；矿产冶金业（黑色金属矿采选业、有色金属矿采选业、非金属矿物制品业和非金属矿采选业）；轻纺及医药制造业（包括医药制造业、木材采运业和木材加工及竹、藤、棕、草制品业）；农牧产品加工业（包括饮料制造业）。2021年西藏发展绩效比较好的产业为能源产业（包括水的生产和供应业以及电力、热力的生产和供应业）；矿产冶金业（包括有色金属矿采选业、黑色金属矿采选业和非金属矿物制品业）；轻纺及医药制造业（包括医药制造业）；农牧产品加工业（包括饮料制造业）。

综上所述，2000～2021年西南边疆民族地区三省（区）发展绩效比较好的产业基本变化不太大，仅有一些细小的变化。比如：2021年云南轻纺及医药制造业所包括的具体产业比2000年增加了工艺品及其他制造业；2021年广西装备制造业所包括的具体产业比2000年增加了专用设备制造业，减少了普通机械制造业；2021年西藏轻纺及医药制造业减少了木材采运业和木材加工及竹、藤、棕、草制品业，等等。这说明西南边疆民族地区三省（区）发展绩效比较好的产业正逐步向自身的资源优势产业及高技术产业方向发展。

在此基础上，对西南边疆民族地区旅游业的发展绩效进行评价。鉴于评价指标的不确定性和数据收集的难度，主要采用区位商对西南边疆民族地区旅游产业进行判别。具体方法是：首先，通过2000～2021年西南边疆民族地区三省（区）旅游总收入数据和全国旅游总收入数据计算出2000～2021年西南边疆民族地区三省（区）旅游总收入占全国的比重数据；其次，通过2000～2021年西南边疆民族地区三省（区）旅游总收入数据、2000～2021年全国旅游总收入数据、2000～2021年西南边疆民族地区三省（区）GDP数据和2000～2021年全国GDP数据计算出2000～2021年西南边疆民族地区三省（区）旅游总收入区位商〔具体计算公式为：2000～2021年西南边疆民族地区三省（区）旅游总收入区位商＝（2000～2021年西南边疆民族地区三省（区）旅游总收入/2000～2021年全国旅游总收入）/（2000～2021年西南边疆民族地区三省（区）GDP/2000～2021年全国GDP）〕；最后，根据2000～2021年西南边疆民族地区三省（区）旅游总收入占全国的比重数据和西南边疆民族地区三省（区）旅游总收入区位商数据可以对西南边疆民族地区三省（区）旅游业发展绩效进行评价（见表2－27）。

表2－27表明2000～2021年西南边疆民族地区三省（区）旅游总收入占全国的比重数据呈现出逐步上升的趋势，2000～2021年西南边疆民族地区三省（区）旅游总收入区位商都是大于1的，并且也呈现出逐步上升的趋势。这些充分说明西南边疆民族地区三省（区）旅游业总体发展绩效比较好，并且旅游业也逐渐成为西南边疆民族地区三省（区）的优势产业，应该重点发展旅游业。

表 2 – 27　　　西南边疆民族地区三省（区）旅游业发展绩效

年份	全国旅游总收入（亿元）	西南边疆民族地区三省（区）旅游总收入（亿元）			西南边疆民族地区三省（区）旅游总收入占全国比重（%）			西南边疆民族地区三省（区）旅游总收入区位商		
		云南	广西	西藏	云南	广西	西藏	云南	广西	西藏
2000	4527.03	211.43	172.25	6.75	4.67	3.8	0.15	2.3	1.81	1.25
2001	5004.45	256.93	199.70	8.20	5.13	3.99	0.16	2.63	1.92	1.23
2002	5576.44	289.93	222.96	9.87	5.20	4.00	0.18	2.71	1.90	1.38
2003	4892.19	306.64	204.33	10.00	6.27	4.18	0.20	3.34	2.01	1.43
2004	6854.78	369.27	250.81	15.32	5.39	3.66	0.22	2.79	1.7	1.57
2005	7726.24	430.14	304.01	19.35	5.57	3.93	0.25	2.96	1.83	1.92
2006	8945.64	499.78	366.20	27.71	5.59	4.09	0.31	3.02	1.87	2.38
2007	10914.53	559.21	443.88	48.52	5.12	4.07	0.44	2.88	1.85	3.38
2008	11526.62	663.28	533.70	22.59	5.75	4.63	0.20	3.16	2.07	1.54
2009	12674.41	800.21	701.34	52.42	6.31	5.53	0.41	3.49	2.43	3.15
2010	15786.42	1006.32	898.33	71.40	6.37	5.69	0.45	3.54	2.38	3.46
2011	16815.32	1300.34	1209.55	97.05	7.73	7.19	0.58	4.11	2.89	4.46
2012	25783.23	1793.56	1578.91	126.47	6.96	6.12	0.49	3.30	2.28	3.50
2013	26276.62	2111.24	1961.67	165.23	8.03	7.47	0.63	4.00	3.02	4.50
2014	30312.42	2516.87	2601.11	204.54	8.30	8.58	0.67	4.17	3.50	4.79
2015	34321.42	3281.79	3136.77	281.54	9.56	9.14	0.82	4.83	3.73	5.47
2016	39342.34	4536.54	4047.25	330.75	11.53	10.29	0.84	5.85	4.20	5.60
2017	53956.24	6922.23	5418.12	379.37	12.83	10.04	0.70	6.51	4.10	4.38
2018	59734.67	8698.97	7436.45	490.14	14.56	12.45	0.82	7.47	5.63	5.13
2019	66367.63	11035.34	9998.82	559.28	16.63	15.07	0.84	7.08	7.01	4.94
2020	22354.34	6477.03	7267.43	366.42	28.97	32.51	1.64	12.02	14.91	8.63
2021	29256.63	8234.43	9062.99	441.31	28.15	30.98	1.51	11.88	14.34	8.39

　　资料来源：2001～2022 年《中国统计年鉴》《云南统计年鉴》《广西统计年鉴》《西藏统计年鉴》。

二、西南边疆民族地区产业升级存在的问题

西南边疆民族地区产业结构升级虽然也有自然资源丰富、区位优势明显、西部大开发战略的实施以及绿色能源资源的开发等有利条件，但是西南边疆民族地区产业结构转型升级过程中也存在着产业集中度不高、加工业技术含量低、科技创新滞后以及交通基础设施落后等问题。

(一) 产业集中度不高

西南边疆民族地区产业集中度不高主要体现在以下两个方面：

一是农业产业化程度低。由于独特的地理气候条件，西南边疆民族地区在农畜产品生产上具有独特的优势，但是农业的生产方式主要以一家一户小规模生产为主，农业产业化发展程度很低，这种生产方式会使农业生产发展中的许多问题难以得到解决：第一，小生产与大市场的矛盾难以解决。这主要体现在农户生产经营决策过程中信息（技术信息、市场供求信息、价格信息等）获取的低效率、高成本，甚至无法获取，这样农户就很难根据市场的变化，对自己的生产结构进行调整。第二，食品安全问题解决难度很大。农牧业生产过程中农药、兽药广泛使用，一家一户的生产方式一方面使得食品安全监管成本非常高，另一方面农户的利益约束机制又很弱，这样的话，食品安全问题往往就很严重。第三，农民增收难度大。收益率低、受天气条件影响大、风险高是农牧业生产的典型特点，而一家一户小规模经营使得农牧业生产的这种不利因素进一步扩大，农民增收难度增大。从世界农业发展历史看，农业产业化是第二次世界大战后发达国家兴起的一种农业纵向组织经营形式，是被世界发达国家实践证明了的成功之路。以美国为例，美国农业产业化经营的主要组织形式有各类公

司、按合同制组成的联合企业和合作型的联合企业三种。通过这三种形式实行企业化生产、现代化管理、市场化运作，能够实现农业和现代市场经济的融合，使农业在市场竞争中获得产业优势和发展机会。北京市农业发展对全国具有垂范作用，其农业产业化发展取得了显著的成绩，各种类型的产业化组织蓬勃发展，经营效益显著提高，龙头企业实力不断增强，农民合作组织覆盖面不断拓宽。

二是多数矿产开采业和矿产加工业产业集中度不高。西南边疆民族地区矿产资源丰富，西南边疆民族地区三省（区）都将矿产开采及加工业作为本地区的优势产业加以扶持。从产业生命周期来看，这些行业都是成熟行业，在世界绝大多数国家中，这些行业的集中度都非常高，例如，澳大利亚的铁矿石开采主要集中于必和必拓、力拓两家公司，澳大利亚的煤炭采掘业、有色金属采掘加工业以及稀土开采和加工业集中程度也比较高。但我国这些行业的集中度很低，从事这些行业的企业较多，西南边疆民族地区三省（区）也不例外，这就会产生很多问题。第一，安全生产问题突出。这些行业中的小企业安全事故多，死亡率高，而安全投入不足的根本原因是小企业单位产量安全投入成本远远高于大企业。第二，不利于资源的节约。在采掘业中，由于技术、设备等方面的原因，小企业往往倾向于开采高品位矿、浅层矿，而对于那些低品位的矿以及埋藏过深的矿，往往放弃开采。这对节约使用资源是十分不利的。第三，不利于保护环境。小企业无论是从事采掘业还是矿产加工业，由于规模小，其在粉尘、废水、废气治理等环保方面投入的单位成本远远高于大企业，这不利于保护环境。第四，缺乏规模经济。矿产采掘和加工业属于规模经济比较典型的行业，而行业内企业数量众多，不利于规模经济的形成。

（二）加工业技术含量低

总体上看，西南边疆民族地区以资源性产品、初加工产品、低附加值产品的输出为主，而输入的主要是工业制成品。这种产业结构对经济的发展以及就业都十分不利，也给本就紧张的交通运输造成了更大的压力。橡胶主要卖干胶片；鲜切花几乎全部是以收割后的形态上市，制成干花、保鲜花或花束形态出口的屈指可数；核桃、咖啡也是以原料型核桃仁、咖啡豆为主；蔬菜缺乏制作冷冻蔬菜的技术，包装粗糙、保鲜能力差；茶叶在液态茶、速溶茶、泡沫茶、茶叶食品、保健品等产品开发上没有得到有效开发，在茶多糖、咖啡因、茶皂素、花色素等有效成分的提取上也处于起步阶段。烟草业在基础研究领域与世界先进水平存在较大差距，混合型卷烟的技术攻关进展缓慢，烟草生产设备国产化水平低，拥有自主知识产权的核心技术较少。如激光打孔机、盘纸、透气纸、主要的生产加工设备等基本都是进口。有色产品以原料型初级产品为主，大部分产品停留在金属锭状态，产品附加值低。

（三）科技创新滞后

与东部省区相比，甚至和部分中部省区相比，西南边疆民族地区三省（区）科技创新能力要弱得多。西南边疆民族地区三省（区）的生产是以传统的生产方式为主，科技创新对经济增长的贡献远远低于全国其他地区。市场竞争越来越激烈，在激烈竞争的市场上一个企业、一个地区要获得自己的竞争优势，核心就在于不断追求创新。西南边疆民族地区三省（区）要缩小与其他地区的差距，实现经济社会的大发展，不断提升科技创新能力是一个十分关键的环节。这点美国、韩国等发达国家以及我国北京市的做法值得借鉴。美国是当今世界最发达的国家，科学技术得到高度重视和充分发展。不但科技投入的数量和规模稳居世界第一，而且拥有世界上最庞大的科学家、工程师队伍；不但在基础研究的众多领域处于世界领先地位，而且是世界上发明专利最多的国家。20 世纪 90 年代美国有 35 位科学家获得了自然科学类的诺贝尔奖，占总数的61%；在世界公认的四大科技文献检索系统中，美国发表的论文数占总数的近40%；[①] 在绝大多数新兴高技术领域，如：信息技术、生物技术、纳米技术等，美国都代表着当今世界技术发展的顶尖水平。此外，美国的科技条件、创新环境、高科技产业发展也均首屈一指。这使美国成为名副其实的头号科技强国。韩国原来是一个落后的农业国，科学技术领域几乎是一片空白。韩国推行"科技立国"政策后，通过科技创新逐渐增强国家的科技实力，闯出了一条依靠科学技术发展经济的道路。在短短的40多年里，科技创新大大促进了韩国经济的发展和综合国力的提高。建设"创新型城市"是北京市的发展目标，北京市财政系统建立健全了支持科技创新的资金保障机制和政策体系，较为全面地覆盖了科技创新的重要领域和环节，并发挥财政资金"四两拨千斤"的作用，初步形成多元化、多渠道的科技投入体系，为首都区域创新体系建设提供了重要支撑，有力地促进了首都经济发展方式的转变和产业结构的优化。

（四）交通基础设施落后

所谓基础设施，是指为社会生产和居民生活提供公共服务的物质工程设施，是用于保障国家或地区社会经济活动正常进行的公共服务系统，主要包括交通运输、机场、港口、桥梁、通信、水利及城市供排水、供气、供电设施和提供无形产品或服务于科教文卫等部门所需的固定资产。基础设施作为经济社会发展的基础和必备条件，抓好了可以为经济发展积蓄能量、增添后劲，而建设滞后则可能成为制约发展的"瓶颈"。经济起飞阶段离不开基础设施建设的助推。沿海地区经济快速发展和某些区域经济发展的成功，一条共同的经验就是通过

---

① 毛兵. 美国企业在国家科技创新体系中的地位分析 [J]. 企业活力, 2005 (10): 54.

率先启动大规模的基础设施建设，为经济高速增长奠定坚实的基础。西南边疆民族地区地域广大、资源丰富，加强基础设施建设就显得更加紧迫。而只有基础设施建设先行，才能为推动经济社会持续发展提供有力的支撑。但是，当前西南边疆民族地区基础设施的某些制约因素仍未消除，基础设施建设的速度和经济发展的速度严重不平衡。西南边疆民族地区以交通建设为重点的基础设施建设比较滞后，除此之外，农田水利、通信设备、城市环保、粮食仓储设施、服务于教育的设施及市政、城乡电网改造方面的基础设施建设也比较滞后。这些都极大地制约了西南边疆民族地区经济社会的发展。

第三章 创新驱动产业结构升级的影响机制

本章重点分析创新驱动产业结构升级的影响机制，包括两部分内容，第一节主要对创新驱动产业结构升级影响机制进行理论分析；第二节主要对创新驱动产业结构升级影响机制进行数理模型分析（包括假设条件、模型推导、模型求解等）。

第一节 影响机制理论分析

在创新与产业结构升级过程的各个环节中，创新与产业转型升级的有机融合形成了"互动、匹配、协同"发展的过程，在此过程中形成了好的产业发展平台，促进技术涌现，促进区域内外资源流动，最终促进产业竞争力提升，优化产业结构，提升国际价值链分工的价值分配份额，推动区域产业更好发展。

一、创新驱动产业结构升级的诱因

（一）基于深化社会分工的驱动

首先，由创新驱动引致的技术革新会促进社会分工的进一步深化。随着社会分工的进一步深化，许多新兴产业（行业）将会产生，这些新兴产业（行业）也会促进新的产品（服务）大量涌现，而新的产品（服务）将会催生出更多消费市场。有些新兴产业会逐步发展成为主导产业，有些新兴行业也会逐步发展成为满足人们某些方面消费需要的重点行业。这不仅为人们提供了更加优质的服务，极大地便利了人们的生活，也提高了第二产业和第三产业在 GDP 中所占的比重，在数量层面上提升了产业结构高度化。

其次，创新驱动不仅能够促进社会分工的进一步深化，也可以加速专业化发展。创新驱动能够提高生产技术水平，也能够提高生产要素的使用效率，在降低资源消耗的同时提高产品附加值，进一步提高产出效率，提升产业结构高度化的质量。同时，随着社会分工的进一步深化，也会进一步提升生产要素的使用效率和产出效率，两者之间也会形成良性循环，不断提升产业结构高度化的质量。

最后，创新驱动不仅会促进社会分工的进一步深化，加速专业化发展，也会加速生产技术的专业化发展。创新驱动促进社会分工的进一步深化，会使产业与产业之间、行业与行业之间的联系日益紧密，产业与产业之间、行业与行业之间的关联度也会提高。同时，社会分工深化与专业化发展也有效促进了生产要素（劳动、资本、技术）从低效率部门向高效率部门流动，这种流动也促进了各地区打造适合当地资源禀赋的优势产业、支柱产业，避免了地区间产业结构同质化，也增强了地区产业竞争力，促进产业结构向合理化的方向发展。

（二）基于创新型人才资源开发的驱动

产业结构升级也体现为产业从劳动密集型、资源密集型向资本密集型和技术密集型的转变过程。创新型人才资源开发是产业结构升级的诱因和动力，同样也决定着产业结构升级的过程和结果。首先，创新对人力资源开发具有推动作用。创新会推动教育培训内容优化，新产品、新的组织形式、新知识、新的生产方式等，都会推动教育培训内容的更新，从而推动人力资源开发；创新所形成的新兴产业会带来较高的利润，其实现需要适配度高的劳动力，新兴产业的高利润能够为教育培训、研发、劳动力的流动提供动力和资金，推动人力资源开发；新兴产业应用创新技术，同样会改进人力资源开发方式，此外新技术、新产品、新发现只有能够更好地服务于人，才能够被接受，从而推动人的心理和生理健康水平，推动人力资源开发不断向前推进。

其次，产业内企业为了提高劳动生产率，会采用提升人才结构，加大研发投入等人力资源开发的策略，同时也会积极采用创新成果，例如新产品、新工艺、新的组织形式、新的营销模式。这些创新型人才资源开发措施会推动新企业进入，旧企业转型与退出，实现产业转型升级。在此过程中，创新型人才资源开发与产业结构升级也会出现耦合现象，创新型人才资源开发成效也最终体现为产业结构升级。

最后，产业结构升级也离不开合理的人才结构的支撑，产业由低级向高级转型的过程中必然需要高技术水平的人力资本支持。然而，人力资源开发也是基于一个特定时代和特定阶段的知识、技术的，区域内外创新和技术进步大致决定了人力资源开发所需要的知识、技术基础。因此，创新型人力资源开发，也会影响产业结构升级的方向和过程、路径和动力、绩效和结果。

（三）基于政府政策导向的驱动

为了以创新驱动全面推动中国产业结构升级，我国政府曾出台了一系列政策。其中，设立"创新示范基地"——国家高新区，以此带动地区产业结构升级是最为重要的。国家高新区是以高新技术为支撑，不断改造传统产业、发展新兴产业的重要载体。实际上，国家高新区内入驻的企业主要以高技术产业制造业和高技术产业服务业企业为主，能率先在总量层面带动当地产业从第一产业向第二产业、第三产业占优势地位顺次演进，有利于推动当地产业结构高度化。技术创新与产业结构升级的这种基于"政策导向"的协同，可以理解为国家通过制定特定的政策措施来促使技术创新与产业转型升级互动、匹配以及协同。

技术创新与产业升级协同发展中的政策导向主要可以分为产业创新发展环境政策和激励政策。在产业创新发展环境方面，以国家高新区为例，主要是政府创建的科技、管理、金融等方面相对完善的服务支撑体系为高新区内企业创造了良好的创新发展环境，强化了国家高新区技术创新能力，而且企业自身所具有的技术优势有助于提升国家高新区持续创新能力，推动产业技术创新，并且衍生其他新兴技术产业。此外，国家运用有关政策、法规来规范研发投入、产业结构升级，确保国家的总政策、方针及规定得以执行。

政策激励主要是指按照国家的政策、战略方针等制定一系列研发投入优惠政策、产业结构升级促进政策、推动人力资源开发与产业结构升级融合的政策。这些政策为产业结构升级与技术创新的耦合与互动提供了外部推动力。以国家高新区优惠政策为例，其凭借优惠政策吸引了丰富的创新资源，其中，优秀的人力资本有助于加速知识的流动与扩散，易产生较强的正外部性，并加速新思想、新理念的形成，增大创新成功的概率；优惠的税收激励以及财政补贴等政策不仅降低了高新区内企业自主创新的内源融资约束，也降低了企业研发成本和所面临的市场不确定性，能有效增强企业自主创新的积极性与主动性，提升劳动生产率，实现要素从低效率生产部门向高效率生产部门转移，带动产业结构由低水平状态向高水平状态升级演变，实现产业结构升级。

（四）基于创新驱动改变供需结构的驱动

首先，创新驱动会使新工艺不断涌现，由此导致新产品（服务）不断产生，形成新的消费市场。随着新的消费市场的形成，消费者的消费欲望会不断升级，消费者对产品（服务）的需求就会出现较大变化，这会改变消费者原有的消费需求结构。消费者原有的消费需求结构的改变也会给企业带来推陈出新的生产压力，从而倒逼企业改变其原有生产结构。与此同时，新技术的推广应用会催生许多新的生产行业、服务行业，这些生产行业、服务行业的发展，也会提供相应的新产品（服务），改变供需结构，带动产业结构升级。

其次，创新驱动会改变生产要素的价格、边际生产率等。创新驱动会带来新要素的开发和使用，改变原有生产要素的相对价格，生产要素的相对价格的改变会改变生产要素的边际生产率，使得生产要素重新进行组合与配置。这会改变产品（服务）的供给结构，产品（服务）的供给结构的改变，也会改变消费者原有的消费需求结构，即改变产品（服务）供需结构，从而带动产业结构升级。

最后，创新驱动不仅会改变产品（服务）供需结构，也会改变生产要素的供需结构。在创新驱动下，新技术的应用会改变投入要素的相对价格，这就会改变生产要素的供需结构，也会改变企业使用生产要素的成本。如果企业减少某种生产要素的投入，将会降低该种生产要素的供给，同时也将减弱企业所在产业（行业）与该种生产要素相关产业（行业）之间的关联程度；相反，如果企业增加某种生产要素的投入，则会增加该种生产要素的供给，同时也将增强企业所在产业（行业）与该种生产要素相关产业（行业）之间的关联程度。这在一定程度上也会推动产业结构升级。

（五）基于创新驱动强化空间关联的动因

我国不同地区的要素禀赋大相径庭，这就导致各地区有着不同的创新驱动能力，这种创新驱动能力具有空间关联性，影响着区域产业结构升级。根据经济学相关理论，创新溢出是指创新主体在进行创新活动时对其他经济主体产生了有利影响，但是该创新主体并没有获得相应报酬的经济现象。创新驱动不仅对本地区产业结构升级具有直接影响，还对周边地区产业结构升级具有一定程度上的影响，也就是说，创新驱动对周边地区产业结构升级具有空间溢出效应。

具体来说，首先，从生产要素优化配置的角度看，创新驱动改变了原有生产要素的投入结构，加速了要素在不同地区之间的空间流动，引起了周边地区生产要素投入结构的改变，优化了投入要素的配置效率，也推动了周边地区产业结构升级。其次，从提高区域劳动生产率的角度看，创新驱动能力较高的地区通常会向创新驱动能力较低的地区传播和扩散，在此过程中，创新驱动较强的地区率先带来劳动生产率的提升，而创新驱动较弱的地区可以通过创新技术的引进和模仿，改变自身技术落后的现状，提高本地区的劳动生产率。因此，创新驱动能够促使地区之间的技术的扩散，从而促进地区之间劳动生产率的提升，推动地区之间产业结构升级。最后，从促进产业集聚和产业转移的角度来看，在开放环境下，创新驱动的空间关联使创新驱动能够通过产业链前向关联、后向关联以及渗透效应、扩散效应不断延伸产业链长度和宽度，从而打破原有的产业格局，促进产业集聚和产业转移，推动地区之间产业结构升级。

（六）基于创新驱动经济增长新动能的动因

创新驱动能以新兴技术改造传统落后产业，提高传统落后产业的劳动生产率，持续改造和更新传统产业。创新驱动也能以新兴技术不断产生出众多应用创新技术的新兴产业，尤其会产生先进制造业和应用先进技术的生产性服务业，也能促进制造业和服务业的技术革新和生产方式变革。同时，创新驱动也会使某些部门首先产生技术突破，或首先应用高新技术，然后通过前向关联、后向关联和旁侧关联，提高相关产业之间的关联度，带动相关产业发展，作用于上游产业的技术创新还会加快下游产业的发展，不同产业之间的技术性进入壁垒被极大地减弱或者消除。这些都会促进经济增长新动能的产生与发展，由于经济增长新动能在很大程度上体现在传统落后产业的改造以及新兴产业的快速发展上，因此会加速产业结构从以第一产占比为主，向以第二产业、第三产业占比为主的方向演进，也能够促进产业结构升级。

创新驱动经济增长新动能也能够较好地解释中国的产业结构升级。作为近半个世纪以来发展最快的国家，我国在技术创新方面取得了非常大的进步，这些年来，中国经济快速转型，大力发展高新技术产业和先进制造业，制造业总量在 2010～2021 年间一直位居世界首位（2021 年达到 31.4 万亿元），我国的 GDP 组成比较全面，主要依靠强大的制造业（包括传统制造业、装备制造业）、高新技术产业、房地产业、服务业及建筑业等产业。在全球范围内首屈一指的制造业与日渐崛起的高新技术产业，加上建筑业等是组成我国 GDP 的中坚力量，这些产业抗风险能力比较强，增加值也比较大。虽然以建筑业、房地产业为代表的传统产业增长相对乏力（2021 年分别只增长了 2.1%、5.2%），但我国产业结构却在不断升级——高新技术产业、装备制造业等都在领跑。表现更亮眼的是高新技术产业，高新技术产业同比增长 18.2%[①]，位居各大产业之首，另外，传统制造业增

———————

① 这里的同比增长指的是与 2020 年相比，下同。

长 9.8%，装备制造业增长 12.9%。在高新技术产业中，新能源汽车、工业机器人、集成电路、微型计算机设备产量、半导体芯片分别增长 145.6%、44.9%、33.3%、22.3%、33.3%，保持强劲增长动能。而新能源汽车产量更是实现了翻倍——同比实际增速达到了 145.6%，连续七年位居世界第一。[①] 并且我国世界 500 强企业数量连续两年位居第一，我国企业的全球竞争力进一步提升。随着供给侧结构性改革的深入推进，在多个行业形成规模庞大、技术较领先的生产实力，新技术、新材料、新装备、新工艺广泛应用，光伏、高铁、智能手机、新能源汽车等一大批高端产品走向世界，中国制造业在产业链上不断由中低端向中高端跃升，同时，中国制造向着"微笑曲线"的两端奋力攀升，逐步实现从"制造大国"向"制造强国"的转变。在 20 世纪八九十年代，中国出口的只是轻纺产品，今天的中国出口的主要是机电产品，由此可见一斑。近些年我国服务业取得了较快的发展，2021 年我国的现代化服务业获得了快速提升，其中，信息传输、软件和信息技术服务业同比增长 17.2%，全国网上零售额同比增长 14.1%。

相比中国经济增长主要依靠制造业推动，美国的经济增长主要依靠服务业推动，美国 GDP 的组成主要是金融业、高科技产业、军火生产业、能源产业，这四大产业都属于高端产业范畴，产业利润附加值高，抗风险能力比较强，因此在发达国家中，美国经济一直独领风骚。在吸引外资方面，凭借庞大的人口市场、便利的基础设施以及各种优惠政策，2020 年中国首次超越美国成为最大外资流入国，2021 年我国又成为仅次于美国的第二大外资流入国，外资对中国经济增长的拉动作用越来越大。因此，我国经济增长动力较为强劲，尤其是高新技术产业（即高新技术制造业）、装备制造业等行业都成为我国经

---

① 资料来源：《中华人民共和国 2021 年国民经济和社会发展统计公报》。

济增长的新引擎，特别是新能源汽车产业，势必将继续爆发，中国经济势必向高质量发展大步迈进。新能源（包括新能源汽车业、动力电池行业等）、新基建（5G 基站、工业互联网）、新 IT（云计算、人工智能、微型计算机等）等已经正式取代传统行业，成为我国经济增长的新动能，这些经济增长的新动能都是由创新驱动的，也都在蓬勃发展。

综上所述，创新驱动产业结构升级需要诱因。这个诱因可能是深化社会分工，可能是国家产业政策、创新和科技政策甚至是人口政策的改变，还可能是产品（服务）供需结构的改变等。不管是外部诱因还是内部诱因，都能诱发产业结构升级的发生，当然产业结构升级诱因不仅包括外部诱因或者内部诱因的单方面作用，也包括二者的共同作用。内部诱因包括研发重大突破、技术进步、深化社会分工，创新型人才资源开发，产品（服务）供需结构的改变等，从而带来产业结构升级，最终实现资源优化配置；外部诱因包括政府产业政策与产业发展环境、创新空间关联等，这些会诱导技术创新，形成产业结构升级的外部环境，从而带来产业结构升级。产业结构升级诱因也可以区分为预期的和未预期的诱因，预期的诱因包括逻辑分析过程中被广泛认可的因素，是可以预料到的，如国外技术创新导致新的金融衍生产品的出现等；未预期的诱因包括未预期的因素，如由于疫情的原因某些产业（行业）出现爆发式的增长等。通过这些诱因的作用，创新与产业转型升级有机融合，形成了"互动、匹配、协同"发展的过程，最终促进了区域产业竞争力的提升，并且优化了产业结构。

二、创新驱动产业结构升级的实践

创新对产业结构升级驱动关系的形成，体现在创新对产业结构升级过程中的交互影响上。通过区域人力资源开发影响区域人才结构，决定创新出现、区域产业转型方向、区域产业集聚与扩散效应，同样会影响到区域产业转移与布局，最终对区域产业竞争力、区域产业结构升级产生影响。同样的区域产业结构升级可以促进要素收入水平提高，促进区域经济发展，从而形成一种平台效应，进一步吸引更多要素进入，提升区域要素供给能力，在"干中学"过程中，产生知识和技术溢出效应，进而促进区域创新。

国内外实践证明，技术创新活动与产业转型升级共生与互动好的国家（地区），产业和经济发展好，从而进入一个"双提升"的良性循环，技术创新促进国家（地区）产业转型与升级，产业转型升级又为技术创新提供了充足的资金、良好的环境和内容转变。美国较好地实现了技术创新与产业转型升级的互动与共生，与此同时，在微观领域，政府规定企业可以将一定比例收入留存作为研发投入，这项政策推动了技术创新，提高了劳动生产力，提高了全要素生产力，使产业转型升级加快，最终使产业结构更加优化。还有一部分国家在进入中等收入国家行列后走出了经济下行（如日本、韩国等）。第二次世界大战后日本人均 GDP 不超过 100 美元，而到 1995 年则达到 43440 美元，增长非常迅速，此后也稳定在 4 万美元左右。韩国从 20 世纪 60 年代人均 GDP100 美元左右起步，增长速度也非常快，到 2021 年已经达到 34998 美元，并且增长势头仍在延续。这些国家普遍重视技术创新与产业结构升级，能够较好地实现技术创新与产业转型升级的互动与共生，因此才能够走出"中等收入陷阱"，进入发达国家行列。

同理，国内外实践也证明了技术创新与产业转型升级共生与互动差的国家（地区），不仅会阻碍国家（地区）产业结构升级的推进，也不利于创新活动的开展。20 世纪 60 年代以来，很多案例说明，一个国家在人均 GDP 达到 10000～15000 美元时，几乎都会出现经济下行过程。在世界各国中，人均 GDP 处于 9000～12000 美元这个区间的有很多国家，包括一些发展中大国，比如俄罗斯、阿根廷、墨西哥、土耳其①，无一例外都出现了经济下行过程，有相当一部分国家没有"走出来"，陷入"中等收入陷阱"。巴西人均 GDP 早在 2011 年就达到 13246 美元，此后不断下降，2021 年巴西人均 GDP 仅为 7507 美元。俄罗斯人均 GDP 早在 2013 年就达到 15975 美元，此后波动幅度较大，2021 年俄罗斯人均 GDP 仅为 12195 美元。阿根廷人均 GDP 在 2017 年就达到 14613 美元，此后不断下降，2021 年阿根廷人均 GDP 仅为 10636 美元。墨西哥人均 GDP 在 2014 年就达到 11076 美元，此后出现不断下降的势头，2021 年墨西哥人均 GDP 仅为 10045 美元。土耳其人均 GDP 在 2013 年就达到 12507 美元，此后不断下降，2021 年土耳其人均 GDP 仅为 9661 美元。② 这些国家的人均 GDP 达到 10000～15000 美元时，都出现经济增长乏力、增长动力不足的问题，陷入了"中等收入陷阱"，其原因在于不重视技术创新，也忽略了产业结构转型升级，产业结构相对比较单一，国民经济的增长过于信赖出口自然资源，忽视人力资源开发、技术创新对产业转型升级的支撑力，导致产品竞争力下降，产业转型升级动力不足，经济增长率降低，最终陷入恶性循环之中。

因此，中等收入国家要实现经济持续增长，跨入高收入国家甚至发达国家的行列，关键在于能否实现技术创新以及经济增长动能的转变。我国 GDP 构成的中坚力量中，建筑业、房地产业等行业发展速度比较慢，装备制造、高新技术制造业发展速度比较快，高新技术制造业、装备制造业等行业都已成为我国增长的新引擎。总

---

① 巴西也是陷入"中等收入陷阱"的国家之一，但是 2021 年人均 GDP 不足 9000 美元。

② 资料来源：世界银行公开数据库（https：//data. worldbank. org. cn）。

而言之，新能源、新基建、新 IT 等已经正式成为我国经济增长的新动能，这些新动能技术含量高，不仅能推动中国经济高速增长，也会促进中国经济实现高质量发展，实现产业结构升级，实现技术创新与产业转型升级共生与互动，这也是中国能够成功跨越"中等收入陷阱"的保障。反观陷入"中等收入陷阱"的一些国家大多产业结构不完善，产业技术水平不高，并且基本依靠出口资源能源，抗风险能力比较弱，推动经济增长的动能不足，技术创新与产业转型升级共生与互动差。从《财富》世界 500 强企业的情况，也可以看出企业的技术水平状况。2021 年《财富》世界 500 强企业中，中国世界 500 强企业总数达到 143 家，占比为 28.6%。这些企业大多是制造业企业，还有 4 家互联网企业入榜（分别是京东、阿里巴巴集团、腾讯和小米）。① 同期，美国世界 500 强企业有 122 家，占比达到 24.4%。但是巴西、俄罗斯、墨西哥、土耳其②的世界 500 强企业数量就非常少（分别为 6 家、4 家、2 家、1 家），并且多集中在资源、能源以及政府垄断性行业，企业的技术水平不高且竞争力不强。

三、创新对产业结构升级的驱动效应

创新对产业结构升级的驱动能够带来一系列的正效应，例如，创新对产业结构升级的驱动能够产生平台效应以及产生技术溢出效应等，通过这些方面可以在很大程度上促进产业结构升级质量的提升，从而促进经济的高质量发展。

---

① 2021 年世界 500 强只有 7 家互联网企业入榜，余下 3 家是美国互联网企业，分别是亚马逊（Amazon）、字母表（Alphabet）、脸书（Facebook）。
② 阿根廷没有一家企业上榜 2021 年《财富》世界 500 强。

（一）创新对产业升级的驱动能够产生平台效应，有力推动产业结构升级与经济发展

通过研发投入、创新培训以及人力资本投入等手段和方法，可以促进人力资源向人才资源转变，人才资源进一步深化可以转变为人力资本，进而推动创新发展。创新能够对产业结构优化起到推动作用。因此，建立有利于产业升级的三个平台显得尤为重要。第一，提升劳动生产率平台。随着产业结构的不断升级，产业内的分工已经越来越细致，所以相应产业人力资源向专业化、技术化发展，促进合理化分工的形成，从而促进产业结构升级。第二，加强技术研发与创新。在新时代背景下，产业升级一定要依靠技术创新，但是技术创新的前提是研发，重视并且加快研发活动，才能促进技术创新，这是促进产业结构升级的必要条件。第三，产生集聚与扩散效应平台。产业升级过程中，创新与产业升级的协同会对外部产生拉力，通过产业竞争力的提升，各种优质的资源（例如能源、原材料、人才、技术、资本等）会向新兴产业集中，从而形成集聚效应；与此同时，随着产业集群效应的不断加强，这种集群效应又会对外部产生推力，形成扩散效应，带动上、中、下游相关产业的发展。

（二）创新对产业转型升级的驱动能够产生溢出效应，促进要素配置和流动

首先，创新离不开人力资源开发和人力资本投资，如果人力资源开发、人力资本投资与产业结构升级的协同性比较强，耦合程度比较高，就会对人力资源开发产生技术溢出效应。具体来说，由于人力资源开发和人力资本投资形成的人力资本与升级的产业结构相匹配，产业结构升级后也产生了技术溢出效应，更多人力资源在产业升级过程中获得了知识、技能、能力提升，从而进一步加大了人力资本投资，

劳动生产率得到了进一步提高，产生了技术溢出效应。同时也实现了技术对传统资源的替代，资源使用的集约化程度提升，企业生产成本进一步下降，从而使产业竞争力进一步提升。

其次，在深化国际分工的条件下，跨国公司的迅速发展使得国与国之间的贸易壁垒进一步降低，人才流动进一步增强，研发的投入会进一步增加，创新速度会进一步加快。在此基础上，创新对产业结构升级的影响会加大，也会对其产生溢出效应，这种溢出效应包括横向的溢出效应和纵向的溢出效应。具体来说，横向的溢出效应是指一个产业、地区或公司向另一个产业、地区或公司的溢出；纵向的溢出效应是指向上、下游产业的溢出，从而使得产业链上的劳动技术、劳动能力进一步提升，劳动效率也进一步得到提高。

最后，在产业结构升级过程中，由于创新的作用，会产生更多的专业化知识和更多的技能，若这些专业化知识和技能能够被加以应用，则会促进与专业化知识和技能相关产业的发展，这些专业化知识和技能相关产业会获得更多的收益。具体来说，由于在产业结构升级过程中，大量的专业化知识和技能得到广泛应用，产业升级的方向也更加明确，专业化知识和技能相关研发资金的使用也更加有效，专业化知识和技能相关产业发展也比较迅速，由此带来的专业化知识和技能相关产业的经济效应也会大大提高。

第二节 影响机制数理模型分析

技术创新具有溢出效应，技术创新的溢出效应对于产业结构调整、演进、转型与升级都具有十分重要的作用。本节主要介绍了技术创新的溢出效应及其与产业结构升级的关系，并且通过数理模型对技术创新对产业结构升级的影响机制进行了分析。

一、技术创新的溢出效应分析

（一）技术创新的溢出效应

创新成果主要包括基础创新成果和应用创新成果，创新成果是现代社会重要的公共物品之一，对经济社会发展起到了极大的促进作用，创新成果可以促进经济增长方式的转变以及产业结构的升级。按照萨缪尔森（Samuelson，1954）的判别方法，公共物品具有消费的非排他性和非竞争性两大特征，对于一项基础创新成果，把任何一个人排除在对该项基础研究物品的消费之外要花费很高的成本，几乎是不可能的，所以基础创新成果具有消费的非排他性特征。另外，增加一个人对该项基础创新成果的消费不会减少其他任何人对它的消费，所以基础创新成果具有消费的非竞争性特征。这样看来，基础创新成果同时具备消费的非竞争性和非排他性，显然是纯公共物品。对于一项应用创新成果，由于它能直接创造经济效益，所以任何个人或者企业对它的消费都要支付一定的费用，但是随着社会的发展，该项应用创新成果的盗版物品也会出现，并且该项应用研究物品和实验发展物品的生产技术会被越来越多的个人或者企业所掌握，增加一个人和企业对该项应用创新成果的消费不会减少其他任何人和企业对它的消费，所以应用创新成果具有消费的部分排他性和非竞争性。很显然应用创新成果是俱乐部型公共物品（满足消费的非竞争性，但是不满足消费的非排他性，也称价格排他性公共物品）。作为准公共物品，应用创新成果具有较大外溢性，会增加整个社会的福利。所以我们认为，基础创新成果属于纯公共物品性质，应用创新成果属于准公共物品性质。

综上所述，创新成果中的基础创新成果是纯公共物品，应用创新成果是准公共物品，所以创新成果具有溢出效应。可以将创新成果的溢出效应定义为：创新人员提供创新成果后对他人或整个社会产生了积极的影响，却没有得到应有的报酬。但是，创新成果中基础创新成果和应用创新成果的溢出效应是不一样的。一般而言，基础创新成果的溢出效应要大于应用创新成果的溢出效应。因为创新人员提供基础创新成果与提供应用创新成果是不一样的，提供应用创新成果的回报往往是最直接的，而提供基础创新成果的回报往往是间接的，并且创新人员提供基础创新成果所得到的报酬比较低，这就是基础创新成果的溢出效应要大于应用创新成果的溢出效应的原因。

（二）技术创新的溢出效应与产业结构升级

技术创新具有溢出效应，并且技术创新在地区与地区之间具有空间溢出效应，按照空间计量学的理论观点，地区与地区之间的空间溢出效应，可以使一个地区的技术创新对周边地区的产业结构升级起到明显的促进作用。进而这种溢出效应可以引导经济发达地区对经济落后地区的技术辐射，提升经济落后地区的创新能力和产业技术水平，从而提高经济落后地区全要素生产率，促进经济落后地区产业发展和经济发展，进一步推动经济落后地区产业结构升级。

二、数理模型均衡分析过程与结果

（一）数理模型均衡分析过程

采取本纳比和斯派格尔（Jess Benhabib & Mark Spiegel）的思路，对技术创新的溢出效应在产业结构升级中的作用进行数理模型均衡分析。但是，在进行数理模型均衡分析之前需要满足以下几个假设条件：

假设 1　本模型中的 $\dot{A}/A$ 并不代表全要素生产率（TFP），而是代表产业技术水平的增长率，即产业技术进步、产业技术进步水平的提高等。$\dot{A}/A$ 的提高代表产业技术进步、产业技术进步水平的提高，从而为产业发展和经济发展创造有利条件，进而促进产业结构的升级。

假设 2　假设创新水平会影响技术追赶和扩散速度，也就是说，创新水平会影响经济落后地区追赶经济发达地区的速度。具体来说，经济落后地区通过提升人力资本投资水平，能够提高其采用和实施新技术的能力，从而提升其创新水平，经济落后地区创新水平的提高，能够通过创新的溢出效应促进经济落后地区提升其产业技术水平，从而加快追赶经济发达地区的步伐。

在上述假设条件下，产业技术水平（$\dot{A}/A$）的提升不仅能够促进产业增长和产业发展，而且有利于促进产业增长方式和经济发展方式的转变，产业技术水平的提升成为经济落后地区追赶经济发达地区的关键。但是，产业技术水平（$\dot{A}/A$）的增长路径是如何决定的？创新与产业技术水平（$\dot{A}/A$）之间的关系又是什么？很显然，这些都是值得研究的问题。

早在 1966 年，纳尔逊和菲尔普斯（Nelson & Phelps）就初步研究了产业技术水平的增长路径。① 1994 年本纳比和斯派格尔（Benhabib & Spiegel）采用了纳尔逊和菲尔普斯的思路，认为人力资本具有外溢效应，由于人力资本的外溢效应，经济落后地区追赶经济发达地区的追赶效应就比较明显。考虑到人力资本是技术创新之本，人力资本对技术创新起着决定性作用，因此本章中技术创新的外溢效应实际上可以由人力资本的外溢效应表示。本章采用了本纳比和斯派格尔

---

① Richard R. Nelson and Edmund S. Phelps, Investment in Humans, Technological Diffusion, and Economic Growth [J]. American Economic Review, 1966, 56 (2): 69 – 75.

（Benhabib & Spiegel，1994）的思路，并且考虑人力资本的外溢效应，产业技术水平（$\dot{A}/A$）的增长路径可以表示为：[①]

$$\dot{A}_C(t)/A_C(t) = g(H_C) + c(H_C)[A_U(t) - A_C(t)]/A_C(t) \qquad (3-1)$$

第二章已经归纳总结出影响产业结构升级的几个主要因素是创新因素（用专利授权数表示）、外部因素（用进出口贸易总额表示）以及需求因素（用人均 GDP 表示），其中创新的外溢效应实际上可以由人力资本的外溢效应表示。因此，考虑创新因素、外部因素、需求因素的产业技术水平（$\dot{A}/A$）的增长路径可以表示为：

$$\dot{A}_C(t)/A_C(t) = g(H_C) + c(H_C, T_C, D_C)[A_U(t) - A_C(t)]/A_C(t)$$
$$(3-2)$$

其中，$\dot{A}_C(t)/A_C(t)$ 代表经济落后地区产业技术水平的增长率；$g(H_C)$ 代表经济落后地区产业技术水平的原有增长率；$c(H_C, T_C, D_C)$ 代表经济落后地区的产业技术追赶系数，其取决于经济落后地区的人力资本水平（即本模型中的创新因素），是经济落后地区创新因素的递增函数；H_C 代表经济落后地区创新因素；T_C 代表经济落后地区外部因素；D_C 代表经济落后地区需求因素。本书认为，创新因素（H_C）具有外溢效应，外部因素（T_C）、需求因素（D_C）则没有外溢效应。$[A_U(t) - A_C(t)]/A_C(t)$ 代表经济发达地区和经济落后地区产业技术水平的差距。经济发达地区与经济落后地区的产业技术水平都呈现指数形式增长，经济发达地区与经济落后地区产业技术水平的增长形式分别为：

$$A_U(t) = A_U(0)e^{g(H_U)t} \qquad (3-3)$$
$$A_C(t) = A_C(0)e^{g(H_C)t} \qquad (3-4)$$

其中，$A_U(t)$ 代表经济发达地区产业技术水平，$A_C(t)$ 代表经济

① Jess Benhabib and Mark M. Spiegel, The Role of Human Capital in Economic development: Evidence from Aggregate Cross-Country Data [J]. Journal of Monetary Economics, 1994, 34 (2): 143-173.

落后地区产业技术水平；$A_U(0)$ 代表经济发达地区原有产业技术水平，$A_C(0)$ 代表经济落后地区原有产业技术水平；$g(H_u)$ 代表经济发达地区的产业技术水平的原有增长率，$g(H_C)$ 代表经济落后地区产业技术水平的原有增长率。则式（3-2）可以转换成：

$$\dot{A_C}(t)/A_C(t) = g(H_C) + c(H_C, T_C, D_C)[A_U(0)e^{g(H_U)t} - A_C(t)]/A_C(t)$$

$$(3-5)$$

式（3-5）中，$\dot{A_C}(t)/A_C(t)$、H_C、T_C、D_C、$g(H_C)$、$g(H_u)$、$c(H_C, T_C, D_C)$、$A_U(0)$、$A_C(t)$ 的含义与式（3-2）、式（3-3）、式（3-4）相同。

$[A_U(0)e^{g(H_U)t} - A_C(t)]/A_C(t)$ 代表经济发达地区和经济落后地区产业技术水平的差距。$c(H_C, T_C, D_C)[A_U(0)e^{g(H_U)t} - A_C(t)]/A_C(t)$ 代表由于技术追赶效应，产业技术从经济发达地区向经济落后地区扩散的速度。

在此基础上假定 $g(H_C) < g(H_U)$①，由于创新因素（H_C）具有外溢效应，经济落后地区通过加快人力资本投资，从而提升其人力资本水平，进而提升其创新水平（即提升 H_C 水平），那么经济落后地区技术追赶系数 $c(H_C, T_C, D_C)$ 就会变大，经济落后地区技术追赶效应 $c(H_C, T_C, D_C)[A_U(0)e^{g(H_U)t} - A_C(t)]/A_C(t)$ 也会变大。由于追赶效应，经济落后地区产业技术水平增长率大于经济发达地区产业技术水平增长率，即 $\dot{A_C}(t)/A_C(t) > g(H_U)$，那么式（3-4）中经济落后地区的技术水平增长路径可以改写成：

$$A_C(t) = A_C(0)e^{[\dot{A_C}(t)/A_C(t)]t}$$

$$(3-6)$$

由于追赶效应，经济落后地区与经济发达地区之间产业技术水平

---

① 在不考虑追赶效应的情况下，经济落后地区的人力资本水平很低，致使创新水平很低，因此经济落后地区的产业技术水平增长率 $g(H_C)$，应该低于经济发达地区的产业技术水平增长率 $g(H_U)$。

差距 $[A_U(0)e^{g(H_U)t} - A_C(t)]/A_C(t)$ 会不断变小，在此过程中随着经济落后地区与经济发达地区之间产业技术水平差距不断缩小，经济落后地区产业技术水平的增长率也在逐步降低，一直到经济落后地区与经济发达地区之间产业技术水平差距为零为止。这时经济落后地区产业技术水平的增长率与发达地区产业技术水平增长率相等，即 $\dot{A}_C(t)/A_C(t) = g(H_C) = g(H_U)$。

式（3-5）经过整理后可以得到：

$$\dot{A}_C(t) + [c(H_C, T_C, D_C) - g(H_C)]A_C(t) = c(H_C, T_C, D_C)A_U(0)e^{g(H_U)t}$$

$$(3-7)$$

因为式（3-7）中的 $g(H_C)$ 只随着经济落后地区创新因素 (H_C) 的变化而变化，$c(H_C, T_C, D_C)$ 只随着经济落后地区创新因素 (H_C)、经济落后地区外部因素 (T_C) 以及经济落后地区需求因素 (D_C) 的变化而变化，$g(H_C)$ 与 $c(H_C, T_C, D_C)$ 不随时间 t 的变化而变化，所以 $g(H_C)$ 和 $c(H_C, T_C, D_C)$ 可以被认为是常数。式（3-7）可以看作一阶非齐次线性微分方程。并且当 $t=0$ 时，$A_C(t) = A_C(0)$，可以求得式（3-7）的通解形式为：

$$A_C(t) = e^{[g(H_C) - c(H_C,T_C,D_C)]t}$$

$$\left\{ \frac{c(H_C, T_C, D_C)A_U(0)}{g(H_U) + c(H_C, T_C, D_C) - g(H_C)}e^{[g(H_U) + c(H_C,T_C,D_C) - g(H_C)]t} + C \right\}$$

在此基础上将 $t=0$ 和 $A_C(0)$ 代入通解形式中，并且设：

$$\Omega = c(H_C, TR_C, T_C, D_C)/[g(H_U) + c(H_C, TR_C, T_C, D_C) - g(H_C)]$$

将其代入通解形式中，可以得到式（3-7）通解形式的特解为：

$$A_C(t) = e^{[g(H_C) - c(H_C,T_C,D_C)]t}[A_C(0) - \Omega A_U(0)] + \Omega A_U(0)e^{g(H_u)t}$$

$$(3-8)$$

（二）数理模型均衡分析结果

基于式（3-7）通解形式的特解，可以求得模型均衡分析结果。

将 $A_C(t)$ 除以 $A_U(t)$ 并且令时间 t 趋于无穷，可以得到式（3-9）：

$$\lim_{t \to \infty} \frac{A_C(t)}{A_U(t)} = \lim_{t \to \infty} \left[\frac{A_C(0) - \Omega A_U(0)}{A_U(0)} \right] e^{\left[g(H_C) - c(H_C, T_C, D_C) \right] t} + \Omega$$

$$(3-9)$$

技术创新具有溢出效应，经济落后地区对经济发达地区的追赶，实际上是技术创新的追赶。经济落后地区通过产业人力资本的积累，加快技术创新的步伐，充分发挥技术创新的溢出效应，从而实现对经济发达地区的追赶。纵观世界经济发展史，曾经有过三次成功的经济追赶，第一次是美国对英国的追赶（1871~1913年），第二次是日本对美国的追赶（1953~1992年），[①] 第三次是韩国对西欧国家的追赶（1965~1992年）。每一次都是人力资本积累的先行追赶，进而由于技术创新的加快，从而实现三次成功的追赶。国与国之间尚且如此，地区与地区之间更是如此。因此，在技术创新的溢出效应下，落后地区的产业技术水平对发达地区的产业技术水平存在追赶效应，经过长期追赶，经济落后地区的产业技术水平增长率将等于经济发达地区的产业技术水平增长率，经济落后地区也将进一步缩小与经济发达地区的差距，即 $g(H_C) = g(H_U)$，所以 $g(H_C) - c(H_C, T_C, D_C) - g(H_U) < 0$，并且 $\Omega = 1$，这样式（3-9）可以简化成：

$$\lim_{t \to \infty} \frac{A_C(t)}{A_U(t)} = 1 \qquad (3-10)$$

式（3-10）表明，产业技术水平比较落后的地区，由于人力资本积累加快，从而技术创新的步伐加快，由于技术创新的溢出效应，产业技术水平比较落后的地区追赶产业技术水平比较先进的地区的步伐加快，长期来看，落后地区的产业技术水平将与发达地区的产业技

---

① 日本GDP在1995年达到5.55万亿美元，此后GDP增长开始变缓，并且开始出现波动，到2012年日本GDP达到6.27万亿美元，此后GDP开始缓慢下降，到2021年已经下降到4.94万亿美元。

术水平相等。由此可以看出人力资本积累和技术创新在经济落后地区追赶经济地区中的重要作用。

技术创新还具有空间溢出效应，如果地区与地区之间距离比较近，技术创新的空间溢出效应就比较明显。也就是说，一个地区的技术创新不仅能够促进本地区的产业结构升级，还能促进相邻地区的产业结构升级，从而体现出明显的空间溢出效应。因此，经济落后地区为了加快对经济发达地区的追赶，一般会加快产业人力资本的积累和技术创新的步伐。在此基础上，由于经济落后地区技术创新的空间溢出效应，经济落后地区产业技术水平得到迅速提升，经济落后地区的产业技术水平逐步赶上发达地区的产业技术水平。上述过程不仅能够促进落后地区产业增长、产业发展、经济增长与经济发展，也能进一步促进经济落后地区产业结构的转型升级。

本章进行影响机制理论分析和数理模型均衡分析的目的就是证明技术创新对区域产业结构升级具有溢出效应，这种溢出效应能够极大地促进区域产业结构升级。同时，影响机制理论分析和数理模型均衡分析得出的结论也需要经验实证分析的验证，如果得到经验实证分析的验证，则会进一步促进理论模型分析的完善与深化。事实上，技术创新对区域产业结构升级的具体驱动作用对于理论模型分析的完善与检验作用也是比较大的。本书在第四章将运用空间面板数据回归模型，分析技术创新对西南边疆民族地区产业结构升级溢出效应；在第五章将运用结构向量自回归（SVAR）模型，分析技术创新对西南边疆民族地区产业结构升级的具体驱动作用。

第四章 创新驱动西南边疆民族地区产业结构升级的空间溢出效应

本书第三章主要对技术创新对产业结构升级影响机制进行理论分析和数理模型分析，技术创新对区域产业结构升级具有溢出效应，这种溢出效应能够极大地促进区域产业结构升级。理论分析和数理模型分析所得出的结论需要经验实证分析进行验证。本章在理论分析的基础上，运用空间面板数据模型，对第三章理论分析的结果进行实证检验，即检验技术创新对西南边疆民族地区产业结构升级的空间溢出效应是否存在。本章的研究结果也为本书第五章的进一步分析提供了基础。

第一节 研究案例区与变量的选取

对创新驱动对西南边疆民族地区产业结构升级的空间溢出效应进行研究，需要先确定研究案例区，也就是要确定研究对象是哪些省份，然后再对因变量和自变量进行选取，并且说明数据来源。

一、研究案例区的确定

为了保证研究的针对性，将边疆民族地区的范围界定在既有边境线又是少数民族聚居的省（区），即云南、广西、西藏、新疆、内蒙古5个省（区）。这5个省（区）能充分反映出边疆和民族相结合的特点。同时，将边疆民族地区分为西南边疆民族地区（西藏、云南、广西）和与西南边疆民族地区相距较远的新疆、内蒙古这两个被比较省（区）。这样划分的目的很明确，通过空间溢出效应模型可以检验西南边疆民族地区三个省（区）（即西藏、云南、广西）创新驱动对产业结构升级是否存在空间溢出效应，因为这三个省（区）地理位置相距较近，所以本书的空间溢出效应模型可以测量这三个省（区）中西藏与云南、云南与广西之间是否存在空间溢出效应，进一步还可以通过空间溢出效应模型检验西南边疆民族地区三个省（区）与被比较省（区）（即新疆、内蒙古）是否存在空间溢出效应，西南边疆民族地区三个省（区）与被比较省（区）地理位置相距较远，可以利用本书的空间溢出效应模型测量西南边疆民族地区三个省（区）与新疆、内蒙古之间的空间溢出效应是否明显。

二、变量的选取

以产业结构升级指数为因变量，以外部因素、技术创新、社会需求作为自变量。用第三产业增加值占 GDP 比重除以第二产业增加值占 GDP 比重代表产业结构升级指数，[①] 用国际贸易额（用进出口贸

[①]　很多学者也是用第三产业增加值占 GDP 比重除以第二产业增加值占 GDP 比重代表产业结构升级指数，如杨孟禹、张可云（2015），李慧玲、徐妍（2016），董辰、孔刘柳（2012），吴园园（2014）等。

易额表示）代表外部因素，用专利授权数代表创新因素，用人均GDP代表需求因素。用Y代表产业结构升级指数，用$X1$代表外部因素，用$X2$代表创新因素，用$X3$代表需求因素。同时，产业结构升级、外部因素、创新因素、需求因素四个指标数据在单位及数量级上有着较大差异，会影响实证分析结果，而比值化处理结果会消除这些指标之间的经济意义，提升计量分析的准确性，因此考虑对这些指标进行比值化处理。产业结构升级指数用第三产业增加值占GDP比重除以第二产业增加值占GDP比重代表，其数值本身就是比值化数据，不需要进一步处理。用国际贸易额占GDP比重代表比值化处理以后的外部因素。① 用专利授权数占总人口的比重代表比值化处理以后的创新因素，为进一步消除该指标与其他指标数量级上的差异，该指标单位为件/千万人。仍然用人均GDP代表需求因素（人均GDP本身就是比值化处理以后的数据），为了进一步消除该指标与其他指标数量级上的差异，该指标单位改为千元/人。2000~2021年云南、广西、西藏、新疆、内蒙古产业结构升级相关数据见附录1中附表13~附表17，产业结构升级比值化以后相关数据见附录1中附表18~附表22。各指标数据来源于2001~2022年《云南统计年鉴》《广西统计年鉴》《西藏统计年鉴》《新疆统计年鉴》《内蒙古统计年鉴》《中国统计年鉴》。

模型中因变量是产业结构升级指数（Y），自变量是外部因素（$X1$）、技术创新（$X2$）、社会需求（$X3$），控制变量其实也是自变量，只不过相对于自变量而言，控制变量对因变量的重要程度要次一些。由于在这三个自变量中，我们主要研究技术创新对西南边疆民族地区产业结构升级的空间溢出效应，所以将外部因素（$X1$）、社会需求（$X3$）从自变量中分离出来作为控制变量（见表4-1）。

---

① 国际贸易额的单位是万美元，我国GDP的单位是亿元人民币，因此需要利用2000~2020年美元兑人民币汇率数值将国际贸易额的单位转换成亿元，再计算国际贸易额占GDP比重数值。

表 4 - 1　　　西南边疆民族地区产业结构升级各变量及其衡量

变量类型	变量名称	符号	衡量方法	单位
因变量	产业结构升级指数	Y	第三产业产值占第二产业产值的比重	%
自变量	技术创新	$X2$	专利授权数占总人口的比重	件/千万人
控制变量	外部因素	$X1$	国际贸易额占 GDP 比重	%
	社会需求	$X3$	人均 GDP	千元/人

第二节　西南边疆民族地区产业结构升级空间相关性分析

本章运用基于空间面板数据的分析方法，分析西南边疆民族地区创新对产业结构升级的空间溢出效应。空间面板数据模型是一种截面数据与时间序列数据综合在一起的模型形式，运用空间面板数据模型进行实证分析与评价，需要对西南边疆民族地区产业结构升级的空间相关性进行分析。将 Y、$X1$、$X2$、$X3$ 输入 Stata15.0 软件中，先对各变量进行描述性统计分析，然后再进行空间自相关检验。

一、各变量描述性统计

如前所述，边疆民族地区可以分为西南边疆民族地区（西藏、云南、广西）和与西南边疆民族地区相距较远的新疆、内蒙古这两个被比较省（区），先对边疆民族地区五省（区）产业结构升级各变量进行描述性统计（见表 4 - 2），然后再对西南边疆民族地区三省（区）产业结构升级各变量描述性统计（见表 4 - 3）。

表 4 - 2   边疆民族地区五省（区）产业结构升级各变量描述性统计

变量	观测值	平均值	标准差	最小值	最大值
Y	110	81.39	5.77	61.99	90.97
$X1$	110	12.06	6.23	4.27	36.99
$X2$	110	10.77	11.12	0.26	37.13
$X3$	110	27.47	19.25	4.57	72.54

表 4 - 3   西南边疆民族地区三省（区）产业结构升级各变量描述性统计

变量	观测值	平均值	标准差	最小值	最大值
Y	66	79.68	5.37	70.45	86.92
$X1$	66	11.36	4.99	4.36	30.83
$X2$	66	11.20	10.83	0.26	32.29
$X3$	66	21.86	13.85	4.57	43.90

根据表 4 - 2 各变量的描述性统计结果可知，因变量边疆民族地区五省（区）第三产业产值占第二产业产值的比重（即产业结构升级指数，用 Y 表示）差异不大，标准差为 5.77，平均值为 81.39，标准差占平均值的比重不大。但自变量和控制变量的差异比较大，其中边疆民族地区五省（区）国际贸易额（即外部因素，用 $X1$ 表示）标准差为 6.23，平均值为 12.06，标准差占平均值的一半左右。边疆民族地区五省（区）专利授权数（即创新因素，用 $X2$ 表示）、人均 GDP（即需求因素，用 $X3$ 表示）差异则更大，专利授权数标准差为 11.12，平均值为 10.77，标准差超过平均值；人均 GDP 标准差为 19.25，平均值为 27.47，标准差接近平均值。总体上看，虽然整体上边疆民族地区五省（区）各变量数值呈现出上升趋势，但地区差异比较明显。

根据表 4 - 3 各变量的描述性统计结果可知，因变量西南边疆民族地区三省（区）第三产业产值占第二产业产值的比重（即产业结构升级指数，用 Y 表示）差异不大，标准差为 5.37，平均值为 79.68，标准差占平均值的比重不大。自变量和控制变量的差异比较大，其中西南边疆民族地区三省（区）国际贸易额（即外部因素，用 $X1$ 表示）标准差为 4.99，平均值为 11.36，标准差占平均值的一半左右。西南边疆民族地区三省（区）专利授权数（即创新因素，用 $X2$ 表示）、人均 GDP（即需求因素，用 $X3$ 表示）差异则更大，专利授权数标准差为 10.83，平均值为 11.20，标准差几乎相当于平均值；人均 GDP 标准差为 13.85，平均值为 21.86，标准差占平均值的一半以上。从总体上看，虽然西南边疆民族地区三省（区）各变量数值呈现出上升趋势，但地区差异比较明显。因此，边疆民族地区五省（区）各变量描述性统计结果与西南边疆民族地区三省（区）各变量描述性统计结果基本上是一致的。

二、空间自相关检验

（一）空间相关性分析基本原理

采用测算全局 Moran's I 指数的方法来进行检验。全局 Moran's I 指数是用来度量空间相关性的一个重要指标，可以用来反映具有相似属性的观测值在空间分布上的平均聚集程度，具体的表达式如下所示：

$$I = \frac{\sum_{i=1}^{n} \sum_{j=1}^{n} w_{ij}(x_i - \bar{x})(x_j - \bar{x})}{S^2 \sum_{i=1}^{n} \sum_{j=1}^{n} w_{ij}} \qquad (4-1)$$

其中，x_i 代表 i 地区的观测值，$\bar{x} = \dfrac{\sum_{i=1}^{n} x_i}{n}$，$S^2 = \dfrac{\sum_{i=1}^{n}(x_i - \bar{x})^2}{n}$，

w_{ij}代表空间权重矩阵，n 是空间单元的总数。Moran's I 指数的取值范围是 $-1 \leqslant I \leqslant 1$，当 $I > 0$ 时表示观测值在区域内存在空间正相关，其值越大，空间相关性越明显；当 $I < 0$ 时表示观测值在区域内存在空间负相关，其值越小，空间差异越大；当取值为 0 时，空间呈随机性。

（二）空间权重矩阵构建

空间权重矩阵是进行空间自相关分析的前提和基础，合理正确的构建对于空间模型的检验、空间计量分析至关重要。一般会采用两种权重，第一种是二进制的相邻权重矩阵（W_1），第二种是基于地理距离的权重矩阵（W_2），也就是基于各省（区）省会（首府）之间的距离，由于随着距离增加会出现衰变，具体可见式（4 – 2）。

$$w_{ij} = \begin{cases} 0, & i = j \\ \dfrac{I}{D_{ij}^a}, & i \neq j \end{cases} \qquad (4 - 2)$$

其中，D_{ij}表示 i 省（区）省会（首府）和 j 省（区）省会（首府）之间的距离；σ 为距离衰变系数，在这里 σ 取值为 2，可以较好地反映距离衰变。经过比较我们采用第一种权重（二进制的相邻权重矩阵，W_1）进行空间相关性分析。

（三）空间自相关检验结果

利用 Stata15.0 软件分别计算出相邻权重（W_1）下 2000 ~ 2021 年基本案例区，即西南边疆民族地区三省（区）云南、广西和西藏，以及基本案例区再加上两个作为比较的省（区）（新疆、内蒙古）的边疆民族地区五省（区）的全局 Moran's I 指数，并采用 P 值检验其显著性，结果如表 4 – 4、表 4 – 5 所示。

表 4 - 4　　　　边疆民族地区五省（区）全局 Moran's I 指数

年份	Moran's I	P	年份	Moran's I	P
2000	- 0. 027	0. 456	2011	- 0. 105	0. 275
2001	- 0. 030	0. 423	2012	- 0. 137	0. 255
2002	- 0. 035	0. 411	2013	- 0. 151	0. 235
2003	- 0. 039	0. 409	2014	- 0. 175	0. 214
2004	- 0. 044	0. 389	2015	- 0. 188	0. 201
2005	- 0. 048	0. 371	2016	- 0. 195	0. 187
2006	- 0. 055	0. 350	2017	- 0. 212	0. 177
2007	- 0. 063	0. 333	2018	- 0. 254	0. 167
2008	- 0. 075	0. 301	2019	- 0. 274	0. 154
2009	- 0. 089	0. 295	2020	- 0. 297	0. 146
2010	- 0. 095	0. 281	2021	- 0. 316	0. 138

表 4 - 5　　　西南边疆民族地区三省（区）全局 Moran's I 指数

年份	Moran's I	P	年份	Moran's I	P
2000	0. 224	0. 000	2011	0. 474	0. 000
2001	0. 213	0. 000	2012	0. 456	0. 000
2002	0. 239	0. 000	2013	0. 478	0. 000
2003	0. 215	0. 000	2014	0. 485	0. 000
2004	0. 255	0. 000	2015	0. 499	0. 000
2005	0. 272	0. 000	2016	0. 486	0. 000
2006	0. 273	0. 000	2017	0. 444	0. 000
2007	0. 313	0. 000	2018	0. 413	0. 000
2008	0. 347	0. 000	2019	0. 338	0. 000
2009	0. 395	0. 000	2020	0. 494	0. 000
2010	0. 411	0. 000	2021	0. 493	0. 000

由表 4-4 可知，相邻权重矩阵下 2000~2021 年全局 Moran's I 指数均为负，且 P 值均没有通过显著性检验，这表明边疆民族地区五省（区）产业结构升级指数（第三产业增加值占 GDP 比重除以第二产业增加值占 GDP 比重）在空间分布上没有表现出正相关关系。这主要是因为，2000~2021 年基本案例区［西南边疆民族地区三省（区）］与两个作为比较的省（区）（新疆、内蒙古）相距比较远，因此西南边疆民族地区三省（区）与新疆、内蒙古产业结构升级相互之间的影响关系比较弱。

由表 4-5 可知，相邻权重矩阵下 2000~2021 年全局 Moran's I 指数均为正，远大于 0，且 P 值均通过显著性检验，这表明西南边疆民族地区三省（区）产业结构升级指数（第三产业增加值占 GDP 比重除以第二产业增加值占 GDP 比重）在空间分布上呈现出正相关关系。也就是说，西南边疆民族地区三省（区）产业结构升级相互之间存在影响关系，每个省（区）产业结构升级也受其他省（区）影响。这主要是因为 2000~2021 年基本案例区的三个省（区）相距比较近，因此西南边疆民族地区三省（区）产业结构升级相互之间的影响关系比较强。

第三节　创新驱动对西南边疆民族地区产业结构升级的空间溢出效应检验

使用空间面板数据模型可以有效测量技术创新对基本案例区西南边疆民族地区三省（区）产业结构升级的空间溢出效应。本章在理论分析的基础上，运用空间面板数据模型，对本书第三章理论分析的结果进行实证检验，既能够检验技术创新对边疆民族地区产业结构升级的空间溢出效应是否存在，也可以得出外部因素、技术创新、社会需求对西南边疆民族地区产业结构升级的作用是否显著的结论。

一、空间溢出效应模型构建

空间杜宾模型一般公式如下：

$$y = \rho W y + X\beta + \theta W X + \varepsilon \qquad (4-3)$$

其中，y 为被解释变量（即产业结构升级指数），ρ 为空间自相关系数，W 为空间权重矩阵，X 为解释变量（即社会需求、技术创新、外部因素），β、θ 为解释变量的回归系数，ε 是与时空均无关的随机扰动项。

关于直接效应和间接效应的计算，可以通过使用偏微分方法将总的边际效应分解为直接效应和间接效应。将式（4-3）改为向量形式：

$$Y_t = (I - \rho W)^{-1}(\beta_t + WX_t\theta) + (I - \rho W)^{-1}\varepsilon \qquad (4-4)$$

其中，I 表示单位矩阵。对第 k 个解释变量 X_k 求一次偏导，也可以得到 $N \times N$ 维矩阵表示的边际效应：

$$\frac{\partial Y}{\partial X_k} = (I - \rho W)^{-1}(\beta_k I + W\theta_k) \qquad (4-5)$$

其中，β_k、θ_k 分别表示第 k 个解释变量 X_k 及其滞后项的系数估计值，所得到的 $N \times N$ 维矩可以表示某一地区第 k 个解释变量变动一单位，对所有地区被解释变量的影响程度。直接效应即为 $N \times N$ 维矩对角线元素之和除以 N，而间接效应（溢出效应）为矩阵非对角线元素之和除以 N。同时，还可以计算出既定地区某一变量变动一单位，对其他地区被解释变量的影响程度。本章着重探讨技术创新的溢出效应，例如第 1 个地区（$i=1$）技术创新变动 1% 时，其边际效应可表示为：

$$\frac{\partial Y}{\partial T_{i-1}} = (I - \rho W)^{-1}(i^t\beta_T + W_{it}\theta_T) \qquad (4-6)$$

二、空间计量模型的选择

（一）LM 检验

常用的空间计量模型有空间杜宾模型（SDM）、空间误差模型（SEM）、空间滞后模型（或空间自回归模型，SAR），通过 LM 检验判断使用哪种空间计量模型比较合适，利用 Stata15.0 软件可以得出 LM 检验结果（见表 4－6）。

表 4－6　　　　　　　　　　　　LM 检验结果

检验	LM 值	P 值
LM－Error 检验	7.953	0.005
稳健的 LM－Error 检验	16.574	0.000
LM－Lag 检验	7.777	0.040
稳健的 LM－Lag 检验	9.398	0.002

根据表 4－6 中的 LM 检验（具体包括 LM－Error 检验和稳健的 LM－Error 检验以及 LM－Lag 检验和稳健的 LM－Lag 检验）结果表明，4 个检验的 P 值都小于显著性水平 0.05，表明 4 个检验都拒绝了两个原假设 H0（两个原假设 H0 分别为不具有空间滞后、不具有空间误差效应），说明所选样本数据具有空间滞后和空间误差双重效应，空间杜宾模型同时具有空间滞后和空间误差双重效应，因此选择空间杜宾模型进行分析比较合适。

（二）豪斯曼检验

LM 检验结果表明应该使用空间杜宾模型进行分析，豪斯曼检验（Hausman）可以判断应该使用固定效应空间杜宾模型还是随机效应空间杜宾模型。利用 Stata15.0 软件也可以得出豪斯曼检验结果，根据豪斯曼检验结果，空间杜宾模型豪斯曼检验的 P 值为 0.0808，在 10% 的显著性水平上通过了假设检验，拒绝了原假设 H0（原假设 H0 为随机效应），应该选择固定效应的空间杜宾模型进行分析。

（三）LR 检验

固定效应的空间杜宾模型分为时间固定效应、个体固定效应和时间和个体双固定效应模型。采用 LR 检验，判断究竟采用何种固定效应的空间杜宾模型。利用 Stata15.0 软件也可以得出 LR 检验的结果，LR 的两个检验的结果显示，两个检验的 P 值都小于显著性水平 0.01，表明两个检验都拒绝了原假设 H0（两个原假设 H0 分别为时间固定效应、个体固定效应），说明应该采用双固定效应的空间杜宾模型进行分析。

（四）模型最优检验

利用 LR 检验还可以判断双固定效应的空间杜宾模型是否优于双固定效应的空间误差模型和空间滞后模型，也叫模型最优检验，利用 Stata15.0 软件也可以得出模型最优检验的结果。LR 的两个检验的结果显示，两个检验的 P 值都小于显著性水平 0.1，表明两个检验都拒绝了原假设 H0（两个原假设 H0 分别为双固定效应的空间误差模型优于双固定效应的空间误差模型、双固定效应的空间滞后模型优于双固定效应的空间误差模型）。综上所述，选择双固定效应的空间杜宾模型分析技术创新对中国西南边疆民族地区产业结构升级的影响是比较合适的。

三、模型估计结果

利用 Stata15.0 软件也可以得出双固定效应空间杜宾模型估计结果，为了便于比较，我们不仅得出了双固定效应的空间杜宾模型估计结果，还得出了双固定效应的空间误差模型和空间滞后模型估计结果，并且将这三类模型的估计结果进行比较（见表4-7）。通过这些估计结果，我们不仅可以判断技术创新对西南边疆民族地区产业结构升级的作用是否显著，还可以判断外部因素、社会需求对西南边疆民族地区产业结构升级的作用是否显著。

表4-7　　　　双固定效应空间杜宾模型（SDM）估计结果

变量	SAR	SEM	SDM
X1	0.313 (0.640)	-0.092 (0.862)	-0.991 (0.393)
X2	5.598 *** (0.000)	5.045 *** (0.000)	3.686 *** (0.000)
X3	7.461 *** (0.000)	7.831 *** (0.000)	8.544 *** (0.000)
WX1	—	—	4.062 (0.122)
WX2	—	—	2.622 (0.080)
WX3	—	—	7.721 (0.246)
rho	-0.414 (0.114)		-0.345 (0.216)
R^2	0.803	0.833	0.831
Log likelihood	-169.872	-162.653	-171.762

注：（1）SAR 代表空间滞后模型、SEM 代表空间误差模型、SDM 代表空间杜宾模型。（2）括号中数字为 P 值；*、**、*** 分别表示在 0.1、0.05、0.01 的水平下显著。

表 4-7 的估计结果表明，技术创新（X2）、社会需求（X3）的系数估计值为正值，并且在 0.05 的显著性水平下通过假设检验，表明本省（区）的技术创新、社会需求越高，对本省（区）的产业结构升级产生的正向影响也越大。但是外部因素（X1）的系数估计值为负值，并且在 0.1 的显著性水平下没有通过假设检验，表明本省（区）的外部因素对本省（区）的产业结构升级没有产生统计意义上的显著影响。西南边疆民族地区产业结构升级各影响因素的空间滞后项（即：WX1、WX2、WX3）系数为正值，并且在 0.1 的显著性水平下社会需求（X3）、外部因素（X1）没有通过假设检验，技术创新（X2）通过假设检验，表明本省（区）产业结构升级影响因素中的社会需求（X3）、外部因素（X1）对其他省（区）的产业结构升级的促进作用并不显著，本省（区）产业结构升级影响因素中的技术创新（X2）对其他省（区）的产业结构升级的促进作用相对比较显著。也可以得出西南边疆民族地区社会需求（X3）、外部因素（X1）对产业结构升级的空间溢出效应不明显，技术创新（X2）对产业结构升级的空间溢出效应比较明显。从 rho 数值也可以看出本省（区）产业结构升级对其他省（区）产业结构升级的影响不显著。另外从 X1、X2、X3 的回归系数估计值以及 rho 数值可以看出，双固定效应的空间杜宾模型估计结果与双固定效应的空间误差模型和空间滞后模型估计结果基本一致。

四、空间溢出效应分析

空间杜宾模型可以很好地解释各省份之间的空间经济相关性，但是参数估计结果并不能直接反映技术创新对西南边疆民族地区产业结构升级的直接效应和间接效应（空间溢出效应），需要借助双固定效应空间杜宾模型的空间效应分解结果进行分析。双固定效应空间杜宾模型的空间效应分解结果中，将技术创新、社会需求、外部因素对西南边疆民族地区产业结构升级的影响系数分解为直接效应、间接效应以及总效应（见表4－8）。

表4－8　　双固定效应空间杜宾模型的空间效应分解结果

变量	直接效应	间接效应	总效应
$X1$	0. 518 (0. 465)	1. 859 (0. 166)	2. 377 (0. 139)
$X2$	4. 109 *** (0. 000)	0. 596 (0. 090)	4. 703 *** (0. 001)
$X3$	4. 737 * (0. 057)	4. 644 (0. 131)	0. 092 (0. 985)
R^2	0. 837		
Log likelihood	－ 141. 235		

注：＊、＊＊、＊＊＊分别表示在0. 1、0. 05、0. 01的水平下显著。

表4－8中双固定效应空间杜宾模型的空间效应分解结果表明，在直接效应方面，技术创新（$X2$）、社会需求（$X3$）的系数估计值为正值，并且分别在0. 01、0. 1的显著性水平下通过假设检验，表明本省（区）的技术创新水平、社会需求越高，对本省（区）的产业结构升级产生的正向影响也越大。但是外部因素（$X1$）的系数估计值在0. 1的显著性水平下没有通过假设检验，表明本省（区）的外部因素对本省（区）的产业结构升级没有产生统计意义上显著的影响。在间接效应方面，社会需求（$X3$）、外部因素（$X1$）在0. 1的显著性水平下都没有通过假设检验，表明本省（区）产业结构升级影响因素中的社会需求（$X3$）、外部因素（$X1$）对其他本省（区）的产业结构升级的促进作用并不显著。本省（区）产业结构升级影响因素中的技术创新（$X2$）在0. 1的显著性水平下通过假设检验，表明本省（区）产业结构升级影响因素中的技术创新（$X2$）对其他

本省（区）的产业结构升级的促进作用比较显著，这些分析结果与表4-7的分析结果基本一致。在总效应方面，创新因素（X2）的系数估计值为正值，并且在0.01的显著性水平下通过假设检验，表明本省（区）的技术创新水平越高，对本省（区）以及其他省（区）的产业结构升级产生的正向影响也越大。社会需求（X3）、外部因素（X1）的系数估计值在0.1的显著性水平下没有通过假设检验，说明社会需求、外部因素对本省（区）以及其他省（区）的产业结构升级的整体影响不显著。

第五章　创新驱动西南边疆民族地区
产业结构升级的实证分析

通过本书第三章技术创新对产业结构升级影响机制的理论分析和数理模型分析，从理论上得到了技术创新对西南边疆民族地区产业结构升级具有空间溢出效应，而且也得出了技术创新、社会需求对西南边疆民族地区产业结构升级产生的促进作用是显著的结论。本书第四章对实证分析的变量选取、数据来源与案例区的选择做出了分析与说明，通过空间溢出效应模型，验证了技术创新对基本案例区西南边疆民族地区三省（区）产业结构升级空间溢出效应是存在的。本章则运用结构向量自回归（SVAR）模型分析技术创新对西南边疆民族地区产业结构升级的具体驱动作用，对第三章理论分析的结果进行进一步实证分析。本章以基本案例区（云南、广西、西藏）作为研究样本，先对变量进行单整检验、协整检验，再建立结构向量自回归模型，然后进行基于结构向量自回归模型的脉冲响应函数和方差分解模型分析，最后进行 Granger 因果关系检验，分析技术创新对西南边疆民族地区产业结构升级的具体驱动作用。

第一节　变量单整检验与协整检验

为了避免伪回归，在进行结构向量自回归模型分析之前，要求各变量必须是平稳的时间序列，或者是同阶单整并且具有协整关系的时间序列，这就需要对变量进行单整检验、协整检验。

一、单整检验

用 Y 代表产业结构升级指数，用 $X1$ 代表外部因素，用 $X2$ 代表技术创新，用 $X3$ 代表社会需求。对变量 Y、$X1$、$X2$ 以及 $X3$ 分别进行单整检验（单位根 ADF 检验），其检验结果如表 5−1 所示。

表 5−1　　　　　变量 Y、$X1$、$X2$、$X3$ 单位根的 ADF 检验

变量	检验类型	检验值 西藏	检验值 云南	检验值 广西	各显著性水平下的临界值			检验结果
					0.01	0.05	0.1	
Y	(C, 0, 0)	−1.52	−1.49	−1.39	−3.79	−3.03	−2.62	非平稳
$X1$	(C, 0, 0)	−1.93	−2.23	−2.44	−3.78	−3.03	−2.62	非平稳
$X2$	(C, 0, 0)	−2.07	−2.15	−2.44	−3.78	−3.03	−2.62	非平稳
$X3$	(C, 0, 0)	−1.40	−1.88	−1.98	−3.76	−3.03	−2.62	非平稳
ΔY	(C, 0, 0)	−4.89	−5.11	−5.37	−2.65	−1.96	−1.59	平稳
$\Delta X1$	(C, 0, 0)	−2.51	−2.58	−2.88	− −2.65	−1.96	−1.59	平稳
$\Delta X2$	(0, 0, 0)	−2.11	−2.79	−2.93	−2.65	−1.96	−1.59	平稳
$\Delta X3$	(C, 0, 0)	−3.22	−2.22	−2.25	−2.65	−1.96	−1.59	平稳

注：检验类型（C，T，K）分别表示单位根检验方程包括常数项、时间趋势项和滞后阶数，括号中为 0 则表示不包括这一项，Δ 为一阶差分算子，Δ^2 为二阶差分算子。

从表 5−1 可以看出，变量 Y、$X1$、$X2$ 以及 $X3$ 不是平稳的时间序列，而是经过一阶差分以后变成了平稳的时间序列，因此变量 Y、$X1$、$X2$ 以及 $X3$ 是一阶单整时间序列，还需要继续进行协整分析。

二、协整检验

如前文所述，变量 Y、$X1$、$X2$ 以及 $X3$ 都是一阶单整时间序列，如果变量 Y、$X1$、$X2$ 以及 $X3$ 是同阶单整并且有协整关系，则向量自回归分析是有效的。变量 Y、$X1$、$X2$ 以及 $X3$ 滞后 2 期进行 Johansen 协整检验，结果如表 5 – 2 所示。

表 5 – 2　　　变量 Y、$X1$、$X2$、$X3$ 最大特征统计量检验结果

原假设	特征值	0.05 临界值	最大特征统计量		
			西藏	内蒙古	云南
没有协整关系	0.91	31.23	55.39	45.55	35.88
最多一个协整关系	0.65	26.79	30.11	32.44	33.44
最多两个协整关系	0.49	20.44	28.33	26.77	30.14
最多三个协整关系	0.39	11.49	8.33	9.65	7.99
最多四个协整关系	0.29	6.21	14.05	8.99	7.87

表 5 –2 中，以 0.05 检验水平判断，因为最大特征统计量有 8.33 < 11.49，9.65 < 11.49，7.99 < 11.49，但是 14.05 > 6.21，8.99 > 6.21，7.87 > 6.21，所以最多只有三个协整关系原假设被接受，表明变量 Y、$X1$、$X2$ 以及 $X3$ 之间最多存在三个协整关系。因此，变量 Y、$X1$、$X2$ 以及 $X3$ 之间是一阶单整时间序列并且具有协整关系，可以进行结构向量自回归模型分析。

第二节　结构向量自回归（SVAR）模型

空间面板数据模型验证了技术创新对西南边疆民族地区产业结构

升级的空间溢出效应是存在的，也得出结论证明技术创新、社会需求对西南边疆民族地区产业结构升级产生的促进作用是显著的。但是这种促进作用是否显著主要基于技术创新、社会需求的回归系数估计值的假设检验结果，通过假设检验即表明技术创新、社会需求对西南边疆民族地区产业结构升级产生促进作用是显著的，反之则促进作用不显著。结构向量自回归（SVAR）模型可以基于脉冲响应函数、方差分解模型、Granger 因果关系检验三个方法对技术创新对西南边疆民族地区产业结构升级的具体驱动作用进行分析。

一、结构向量自回归（SVAR）模型构建

在 20 世纪 80 年代，传统的联立方程比较流行，但是对联立方程组模型的偏倚性问题的解决也相对比较麻烦，并且也无法给出脉冲响应函数和方差分解模型分析结果。克里斯托弗·西姆斯（Sims，1980）提出了向量自回归（VAR）模型，[①] VAR 模型估计相对比较简单，并且可以给出脉冲响应函数和方差分解模型分析结果。每个变量都对其他变量起作用时，适用向量自回归模型，这里用向量自回归模型来说明产业结构升级、社会需求、技术创新以及外部因素之间的相互关系，将 Y、$X1$、$X2$ 和 $X3$ 设为内生变量，将常数项 C 设为外生变量，这样取滞后期为 2 期将 Y、$X1$、$X2$ 和 $X3$ 构造 VAR 模型如下：

$$Y_t = \sum_{i=1}^{2} \left[\alpha_{1i} Y_{t-i} + \beta_{1i} X1_{t-i} + \gamma_{1i} X2_{t-i} + \mu_{1i} X3_{t-i} \right] + b_{10} + u_{1t}$$

$$X_{1t} = \sum_{i=1}^{2} \left[\alpha_{2i} Y_{t-i} + \beta_{2i} X1_{t-i} + \gamma_{2i} X2_{t-i} + \mu_{2i} X3_{t-i} \right] + b_{20} + u_{2t}$$

① Sims, C. Macroeconomics and Reality [J]. Econometrica, 1980, 48 (1): 1 – 48.

$$X_{2t} = \sum_{i=1}^{2} \left[\alpha_{3i} Y_{t-i} + \beta_{3i} X1_{t-i} + \gamma_{3i} X2_{t-i} + \mu_{3i} X3_{t-i} \right] + b_{30} + u_{3t}$$

$$X_{3t} = \sum_{i=1}^{2} \left[\alpha_{4i} Y_{t-i} + \beta_{4i} X1_{t-i} + \gamma_{4i} X2_{t-i} + \mu_{4i} X3_{t-i} \right] + b_{40} + u_{4t}$$

VAR 模型的一个缺点就是该模型没有考虑变量之间的当期影响关系，而是将变量之间的当期影响关系隐藏在误差项的结构中，这样就无法通过 VAR 模型研究变量之间的当期影响关系。阿米萨诺和阿吉尼尼（Amisano & Giannini，1997）对 SVAR 模型做了铺垫性的工作。[①] SVAR 模型通过在 VAR 模型的基础上施加约束条件，可以进一步研究变量之间的当期影响关系。为了研究经济变量之间的同期相互影响，本章采用 SVAR 模型进行实证研究。取滞后期为 2 期，[②] 将 Y、$X1$、$X2$ 和 $X3$ 构造 SVAR 模型如下：

$$Y_t = \sum_{i=1}^{2} \alpha_{1i} Y_{t-i} + \sum_{i=0}^{2} \left[\beta_{1i} X1_{t-i} + \gamma_{1i} X2_{t-i} + \mu_{1i} X3_{t-i} \right] + b_{10} + u_{1t}$$

$$X1_t = \sum_{i=1}^{2} \beta_{2i} X1_{t-i} + \sum_{i=0}^{2} \left[\alpha_{2i} Y_{t-i} + \gamma_{2i} X2_{t-i} + \mu_{2i} X3_{t-i} \right] + b_{20} + u_{2t}$$

$$X2_t = \sum_{i=1}^{2} \gamma_{3i} X2_{t-i} + \sum_{i=0}^{2} \left[\alpha_{3i} Y_{t-i} + \beta_{3i} X1_{t-i} + \mu_{3i} X3_{t-i} \right] + b_{30} + u_{3t}$$

$$X3_t = \sum_{i=1}^{2} \mu_{4i} X3_{t-i} + \sum_{i=0}^{2} \left[\alpha_{4i} Y_{t-i} + \beta_{4i} X1_{t-i} + \gamma_{4i} X2_{t-i} \right] + b_{40} + u_{4t}$$

为了对 SVAR 模型进行有效估计，需要将 SVAR 模型转化成 VAR 模型的形式，首先需要将 SVAR 模型表示成矩阵的形式，如式（5－1）所示：

$$B_0 y_t = \Gamma_0 + \Gamma_1 y_{t-1} + \Gamma_2 y_{t-2} + u_t, \quad t = 1, 2, \cdots, T \qquad (5-1)$$

---

① Amisano, G, C. Giannini. Topics in Structural VAR Econometrics [M]. New York: Springer, 1997.
② 经过比较，取滞后期为 2 期的 SVAR 模型估计结果各统计量性能比较好。

其中，$y_t = \begin{pmatrix} Y_t \\ X1_t \\ X2_t \\ X3_t \end{pmatrix}$，$B_0 = \begin{pmatrix} 1 & -b_{12} & -b_{13} & -b_{14} \\ -b_{21} & 1 & -b_{23} & -b_{24} \\ -b_{31} & -b_{32} & 1 & -b_{34} \\ -b_{41} & -b_{42} & -b_{43} & 1 \end{pmatrix}$，$u_t = \begin{pmatrix} u_{1t} \\ u_{2t} \\ u_{3t} \\ u_{4t} \end{pmatrix}$，

$\Gamma_0 = \begin{pmatrix} b_{10} \\ b_{20} \\ b_{30} \\ b_{40} \end{pmatrix}$，$\Gamma_1 = \begin{pmatrix} \gamma1_{11} & \gamma1_{12} & \gamma1_{13} & \gamma1_{14} \\ \gamma1_{21} & \gamma1_{22} & \gamma1_{23} & \gamma1_{24} \\ \gamma1_{31} & \gamma1_{32} & \gamma1_{33} & \gamma1_{34} \\ \gamma1_{41} & \gamma1_{42} & \gamma1_{43} & \gamma1_{44} \end{pmatrix}$，$\Gamma_2 = \begin{pmatrix} \gamma2_{11} & \gamma2_{12} & \gamma2_{13} & \gamma2_{14} \\ \gamma2_{21} & \gamma2_{22} & \gamma2_{23} & \gamma2_{24} \\ \gamma2_{31} & \gamma2_{32} & \gamma2_{33} & \gamma2_{34} \\ \gamma2_{41} & \gamma2_{42} & \gamma2_{43} & \gamma2_{44} \end{pmatrix}$

其中，B_0 反映同期变量之间的关系，B_0 中的 b_{12} 表示变量 $X1_t$ 对变量 Y_t 的当期作用，其余依次类推，B_0 为可逆矩阵。

直接估计 SVAR 模型存在模型和参数可辨识性的问题，为此将模型 $B_0 y_t = \Gamma_0 + \Gamma_1 y_{t-1} + \Gamma_2 y_{t-2} + u_t$ 两边乘以 B^{-1}，可以得到 VAR 模型表达式（5 - 2）：

$$y_t = B_0^{-1}\Gamma_0 + B_0^{-1}\Gamma_1 y_{t-1} + B_0^{-1}\Gamma_2 y_{t-2} + B_0^{-1} u_t, \quad t = 1, 2, \cdots, T$$

$$y_t = A_0 + A_1 y_{t-1} + A_2 y_{t-2} + \varepsilon_t \qquad (5 - 2)$$

其中，$A_0 = B_0^{-1}\Gamma_0$，$A_1 = B_0^{-1}\Gamma_1$，$A_2 = B_0^{-1}\Gamma_2$，$\varepsilon_t = B_0^{-1} u_t$，$T$ 为样本容量，在本章中指的是 2021 年。

在式（5 - 1）可识别的情况下，通过对式（5 - 2）进行两阶段最小二乘估计（2SLS），可以得到式（5 - 2）的无偏、有效和一致估计，通过相应计算，也可以得到式（5 - 1）的无偏、有效和一致估计。

SVAR 模型相对于 VAR 模型的改进主要在于增加了同期变量之间的联系，但这也带来了模型可识别性的问题。为了能够识别出 SVAR 模型，必须在 SVAR 模型中对矩阵 B_0 施加至少 $m(m-1)/2$ 个约束条件。一般将 B_0 矩阵施加以下约束：即 B_0 是主对角线元素为 1 的下三角矩阵，在这种情况下，此 SVAR 模型是一种递归模型，而且

是恰好可识别的。

$A\varepsilon_t = Bu_t$ 其中 A、B 均为 4×4 矩阵，A 即为施加约束条件以后的 B_0 矩阵。

$$A = \begin{pmatrix} 1 & NA & NA & NA \\ 0 & 1 & NA & NA \\ 0 & 0 & 1 & NA \\ 0 & 0 & 0 & 1 \end{pmatrix}$$

$$B = \begin{pmatrix} NA & 0 & 0 & 0 \\ 0 & NA & 0 & 0 \\ 0 & 0 & NA & 0 \\ 0 & 0 & 0 & NA \end{pmatrix}$$

二、结构向量自回归（SVAR）模型估计结果

将 2000～2021 年西南边疆民族地区三省（区）变量 Y、$X1$、$X2$ 和 $X3$ 的数据输入 Eviews7.0 软件中，Eviews7.0 软件可以给出西南边疆民族地区三省（区）结构向量自回归模型的回归结果。以云南为例，借助 Eviews7.0 软件做结构向量自回归分析，可以得到结构向量自回归模型分析结果：[①]

$$\begin{bmatrix} Y_t \\ X1_t \\ X2_t \\ X3_t \end{bmatrix} = \begin{bmatrix} 42.67^* \\ 2.21 \\ 13.72^* \\ -1.17 \end{bmatrix} + \begin{bmatrix} 0.16 & 1.01 & -0.27 & -1.85 \\ 0.07 & 0.41^* & -0.23 & 0.72^* \\ -0.08 & -0.09 & 0.49^* & -0.14 \\ -0.01 & -0.03 & 0.07 & 1.58^* \end{bmatrix} \begin{bmatrix} Y_{t-1} \\ X1_{t-1} \\ X2_{t-1} \\ X3_{t-1} \end{bmatrix} +$$

---

① 向量自回归结果中，各向量系数估计值中带有 ＊ 号的表明该系数的估计值不显著（显著性水平确定为 0.05）。

$$\begin{bmatrix} 0.16 & 0.26 & 1.59^* & 2.07 \\ -0.01 & -0.33^* & -0.28 & -0.42 \\ -0.12 & 0.28^* & 0.27 & 0.72 \\ 0.03 & -0.02 & -0.17^* & -0.51^* \end{bmatrix} \begin{bmatrix} Y_{t-2} \\ X1_{t-2} \\ X2_{t-2} \\ X3_{t-2} \end{bmatrix} + \begin{bmatrix} u_{1t} \\ u_{2t} \\ u_{3t} \\ u_{4t} \end{bmatrix}$$

从回归结果可以得知，第一个方程经调整后相关系数的平方（R - squared）值为 0.95，F 值较大，为 42.81，对数似然函数值（Log likelihood）的绝对值比较小[1]，为 54.37，AIC 和 SC 的值都比较小（分别为 6.33 和 6.78），说明模型总体解释能力不错。从回归结果来看，云南产业结构升级受技术创新的滞后影响比较显著。但是云南外部因素（国际贸易额占 GDP 比重）、技术创新（专利授权数占总人口的比重）、社会需求（人均 GDP）对产业结构升级的影响之间的具体关系还要依赖脉冲响应函数、方差分解模型以及 Granger 因果关系检验进行说明。

A、B 矩阵估计结果如下：

$$\hat{A} = \begin{pmatrix} 1 & 0.85 & 0.67 & 1.12 \\ 0 & 1 & -0.01 & -0.56 \\ 0 & 0 & 1 & -0.43 \\ 0 & 0 & 0 & 1 \end{pmatrix}$$

$$\hat{B} = \begin{pmatrix} 4.46^* & 0 & 0 & 0 \\ 0 & 1.44^* & 0 & 0 \\ 0 & 0 & 1.51^* & 0 \\ 0 & 0 & 0 & 0.73^* \end{pmatrix}$$

在矩阵 B_0 是主对角线元素为 1 的下三角矩阵这一约束条件下，外部因素、技术创新、社会需求对云南产业结构升级的当期影响，技

---

① 绝对值越小，说明模型拟合越好。

术创新、社会需求对云南外部因素的当期影响，社会需求对云南技术创新的当期影响也被设置为零。由 A 的估计值可以得知，外部因素、技术创新、社会需求对云南产业结构升级当期影响不显著，同时，技术创新、社会需求对云南外部因素的当期影响也不显著，社会需求对云南技术创新的当期影响也不显著。

以广西为例，借助 Eviews7.0 软件做结构向量自回归分析，可以得到结构向量自回归模型分析结果:①

$$
\begin{bmatrix} Y_t \\ X1_t \\ X2_t \\ X3_t \end{bmatrix} = \begin{bmatrix} 57.00^* \\ 7.09^* \\ 7.11^* \\ -2.01 \end{bmatrix} + \begin{bmatrix} 0.25 & -1.61 & 2.29^* & -4.38^* \\ -0.02 & 0.51^* & -0.13 & 0.05 \\ -0.01 & 0.08 & 0.91^* & -0.16 \\ -0.01 & -0.33^* & 0.32^* & 1.20^* \end{bmatrix} \begin{bmatrix} Y_{t-1} \\ X1_{t-1} \\ X2_{t-1} \\ X3_{t-1} \end{bmatrix} +
$$

$$
\begin{bmatrix} 0.31^* & -0.04 & 4.00^* & 4.51^* \\ -0.01 & -0.33^* & -0.28 & -0.42 \\ -0.02 & -0.49^* & -0.21 & 0.55^* \\ 0.01 & 0.74^* & -0.44^* & -0.23 \end{bmatrix} \begin{bmatrix} Y_{t-2} \\ X1_{t-2} \\ X2_{t-2} \\ X3_{t-2} \end{bmatrix} + \begin{bmatrix} u_{1t} \\ u_{2t} \\ u_{3t} \\ u_{4t} \end{bmatrix}
$$

从回归结果可以得知，第一个方程经调整后相关系数的平方（R - squared）值为 0.93，F 值较大，为 42.81，对数似然函数值（Log likelihood）的绝对值比较小，为 63.36，AIC 和 SC 的值都比较小（分别为 7.23 和 7.68），说明模型总体解释能力不错。从回归结果来看，广西产业结构升级受技术创新的滞后影响比较显著。但是广西外部因素（国际贸易额占 GDP 比重）、技术创新（专利授权数占总人口的比重）、社会需求（人均 GDP）对产业结构升级的影响之间的具体关系还要依赖脉冲响应函数、方差分解模型以及 Granger 因果关系检验进行说明。

---

① 向量自回归结果中，各向量系数估计值中带有 ∗ 号的表明该系数的估计值不显著（显著性水平定为 0.05）。

A、B 矩阵估计结果如下：

$$
\hat{A} = \begin{pmatrix} 1 & 0.34 & 1.26 & 4.35^* \\ 0 & 1 & -0.65^* & 0.13 \\ 0 & 0 & 1 & -0.27 \\ 0 & 0 & 0 & 1 \end{pmatrix}
$$

$$
\hat{B} = \begin{pmatrix} 4.46^* & 0 & 0 & 0 \\ 0 & 1.44^* & 0 & 0 \\ 0 & 0 & 1.51^* & 0 \\ 0 & 0 & 0 & 0.73^* \end{pmatrix}
$$

在矩阵 B_0 是主对角线元素为 1 的下三角矩阵这一约束条件下，外部因素、技术创新、社会需求对广西产业结构升级的当期影响，技术创新、社会需求对广西外部因素的当期影响，社会需求对广西技术创新的当期影响也被设置为零。由 A 的估计值可以得知，外部因素、技术创新对广西产业结构升级当期影响不显著，社会需求对广西产业结构升级当期影响比较显著，同时，技术创新对广西外部因素当期影响也比较显著。

以西藏为例，借助于 Eviews7.0 软件做结构向量自回归分析，可以得到结构向量自回归模型分析结果：①

$$
\begin{bmatrix} Y_t \\ X1_t \\ X2_t \\ X3_t \end{bmatrix} = \begin{bmatrix} 456.77^* \\ 28.65 \\ 5.43 \\ 2.21 \end{bmatrix} + \begin{bmatrix} -0.37^* & -1.21 & 2.87^* & 17.55^* \\ -0.01 & -0.26 & 0.51 & 1.05 \\ -0.01 & -0.08 & 0.13 & 0.33 \\ -0.01 & 0.01 & -0.08 & 1.72^* \end{bmatrix} \begin{bmatrix} Y_{t-1} \\ X1_{t-1} \\ X2_{t-1} \\ X3_{t-1} \end{bmatrix} +
$$

---

① 向量自回归结果各向量系数估计值中带有 $*$ 号的表明该系数的估计值不显著（显著性水平定为 0.05）。

$$\begin{bmatrix} -0.54^* & -0.29 & -3.10 & 14.32^* \\ -0.03 & 0.53 & 0.45 & -1.71 \\ 0.01 & -0.17^* & -0.15 & -0.06 \\ 0.01 & 0.01 & 0.03 & -0.74^* \end{bmatrix} \begin{bmatrix} Y_{t-2} \\ X1_{t-2} \\ X2_{t-2} \\ X3_{t-2} \end{bmatrix} + \begin{bmatrix} u_{1t} \\ u_{2t} \\ u_{3t} \\ u_{4t} \end{bmatrix}$$

从回归结果可以得知，第一个方程经调整后相关系数的平方（R - squared）值为0.88，F值较大，为38.76，对数似然函数值（Log likelihood）的绝对值比较小，为78.66，AIC和SC的值都比较小（分别为8.23和9.21），说明模型总体解释能力不错。从回归结果来看，西藏产业结构升级受技术创新、社会需求的滞后影响比较显著。但是西藏外部因素（国际贸易额占GDP比重）、技术创新（专利授权数占总人口的比重）、社会需求（人均GDP）对产业结构升级的影响之间的具体关系还要依赖脉冲响应函数、方差分解模型以及Granger因果关系检验进行说明。

A、B矩阵估计结果如下：

$$\hat{A} = \begin{pmatrix} 1 & 0.88 & 3.01 & 9.04^* \\ 0 & 1 & 1.24^* & -1.27 \\ 0 & 0 & 1 & 0.05 \\ 0 & 0 & 0 & 1 \end{pmatrix}$$

$$\hat{B} = \begin{pmatrix} 13.65^* & 0 & 0 & 0 \\ 0 & 4.77^* & 0 & 0 \\ 0 & 0 & 2.11^* & 0 \\ 0 & 0 & 0 & 0.85^* \end{pmatrix}$$

在矩阵B_0是主对角线元素为1的下三角矩阵这一约束条件下，外部因素、技术创新、社会需求对西藏产业结构升级的当期影响，技术创新、社会需求对西藏外部因素的当期影响，社会需求对西藏技术创新的当期影响也被设置为零。由A的估计值可以得知，外部因素、技术创新对西藏产业结构升级当期影响不显著，社会需求对西藏产业结构升级当期影响比较显著，同时，技术创新对西藏外部因素当期影响也比较显著。

第三节 脉冲响应函数与方差分解模型

从整体上看，SVAR 模型对回归系数估计值显著与否的要求不高，回归系数估计值显著与否都被保留在模型中，因此运用 SVAR 模型进行分析其实并不太关注系数，主要是关注方差分解和脉冲响应，SVAR 主要是解决单方程无法解决的双向影响问题以及自变量对因变量的当期影响问题，而双向影响通过脉冲响应函数分析和方差分解模型可以被很好地解释。

一、基于结构向量自回归模型的脉冲响应函数

Eviews7.0 软件给出的云南、广西、西藏产业结构升级各相关变量的脉冲响应函数分析结果如表 5-3~表 5-5 所示。

表 5-3~表 5-5 反映的是短期内给外部因素（X1）、技术创新（X2）以及社会需求（X3）一个冲击后，产业结构升级的响应情况和路径。从表 5-3 中可以看出，云南产业结构升级受自身的响应在逐渐减弱，受外部因素、技术创新以及社会需求的响应在不断增强。同时，从整体上看，云南产业结构升级受技术创新、社会需求（体现在长期）的响应比较大。

表 5-3　　基于结构向量自回归模型的脉冲响应函数分析结果（云南）

时期	Y	X1	X2	X3
1	4.946821	0.000000	0.000000	0.000000
2	5.785181	1.184348	-0.602454	-1.257424
3	6.557602	2.421755	0.916453	-1.505773
4	6.348585	2.823569	1.543957	-1.493635
5	5.189689	3.251940	2.762914	-0.581919
6	3.864593	3.446882	3.775381	1.134581
7	2.345184	3.653270	4.507255	3.583172
8	1.092377	3.890213	4.961208	6.709189
9	0.279087	4.162577	4.997848	10.291010
10	0.030033	4.528131	4.715448	14.137590

表 5-4　　基于结构向量自回归模型的脉冲响应函数分析结果（广西）

时期	Y	X1	X2	X3
1	7.752529	0.000000	0.000000	0.000000
2	13.118510	-3.563082	-2.202535	-3.161400
3	17.661720	-3.298179	-2.257157	-4.318110
4	20.677180	-3.717954	-1.279324	-6.766829
5	22.828880	-2.203253	0.760703	-8.714335
6	23.563900	-2.202480	2.997491	-10.431610
7	23.055270	-2.554797	5.907852	-10.774010
8	21.265640	-3.490167	9.041484	-10.193970
9	18.475230	-4.271544	11.996450	-8.4753370
10	14.835710	-5.276553	14.321360	-5.7312470

表5－5 基于结构向量自回归模型的脉冲响应函数分析结果（西藏）

时期	Y	X1	X2	X3
1	16.666250	0.000000	0.000000	0.000000
2	19.911790	－4.691206	－3.576446	－1.195463
3	22.987190	－7.756471	－5.443117	－1.955174
4	32.797680	－7.136958	－2.734684	－2.491886
5	37.629240	－6.840830	－2.169475	－3.435428
6	39.604420	－9.285531	－2.113664	－4.211973
7	45.304460	－11.698940	－0.003808	－4.719239
8	50.827320	－13.644960	1.004951	－5.370958
9	54.481550	－16.382930	0.647660	－6.051179
10	59.341290	－18.831700	1.038161	－6.592611

从表5－4中可以看出，广西产业结构升级受自身的响应和技术创新的响应比较大，广西产业结构升级受外部因素和社会需求的响应比较小。广西产业结构升级受自身的响应先逐渐增强后逐渐减弱，受技术创新的响应逐渐增强。

从表5－5中可以看出，西藏产业结构升级受自身的响应和技术创新的响应比较大，西藏产业结构升级受外部因素和社会需求的响应比较小。西藏产业结构升级受自身和技术创新的响应逐渐增强，受外部因素和社会需求的响应逐渐减弱。

二、基于结构向量自回归模型的方差分解模型

为了进一步得出产业结构升级的响应强度数据，对产业结构升级（Y）进行方差分解分析，Eviews7.0软件进一步给出产业结构升级

（Y）方差分解结果，其方差分解结果如表5 - 6～表5 - 8 所示。

表5 - 6　　　　　　　变量 Y 的方差分解结果（云南）

时期	Y	$X1$	$X2$	$X3$
1	100.000000	0.000000	0.000000	0.000000
2	88.265530	4.918122	1.272592	5.543760
3	78.051800	8.885842	8.086789	4.975565
4	76.790860	9.207781	9.114024	4.887337
5	72.496900	8.752865	12.145390	6.604841
6	66.889490	7.673333	12.896960	12.540220
7	59.917740	6.447058	11.726450	21.908760
8	51.468450	5.360977	9.914164	33.256410
9	43.288910	4.515834	8.175436	44.019820
10	36.291220	3.923539	6.927541	52.857700

表5 - 7　　　　　　　变量 Y 的方差分解结果（广西）

时期	Y	$X1$	$X2$	$X3$
1	100.000000	0.000000	0.000000	0.000000
2	76.346660	10.903400	4.166352	8.583595
3	79.094080	9.217894	3.505088	8.182936
4	76.678390	8.365283	3.755606	11.200730
5	72.681150	8.984237	5.880115	12.454500
6	69.518440	8.555789	8.409213	13.516560
7	66.322900	8.211847	12.534210	12.931030
8	63.224080	8.065815	16.526330	12.183770
9	61.005800	7.609892	18.971560	12.412750
10	59.661160	7.183761	19.070760	14.084320

表 5 - 8　　　　　　　　变量 Y 的方差分解结果（西藏）

时期	Y	$X1$	$X2$	$X3$
1	100.000000	0.000000	0.000000	0.000000
2	61.865210	2.744790	4.722531	30.667470
3	54.527640	2.980501	5.750845	36.741020
4	58.040820	3.478172	4.682594	33.798410
5	52.720870	3.023005	4.026558	40.229570
6	48.880070	2.777178	4.392144	43.950610
7	48.773480	3.051195	4.694845	43.480480
8	48.036010	2.916718	4.708267	44.339000
9	46.273780	2.746186	5.110964	45.869070
10	45.945690	2.616604	5.373383	46.064330

从表 5 - 6 中可以看出，云南产业结构升级中有相当一部分可以被自身解释，但解释强度是递减的。云南产业结构升级可以被技术创新（解释强度是先递增后递减）、社会需求（解释强度是递增的）解释的部分较多，被外部因素（解释强度是递减的）解释的部分次之。

从表 5 - 7 中可以看出，广西产业结构升级中也有相当一部分可以被自身解释，但解释强度也是递减的。广西产业结构升级可以被技术创新（解释强度是递增的）、社会需求（解释强度是递增的）解释的部分较多，被外部因素（解释强度是递减的）解释的部分次之。

从表 5 - 8 中可以看出，西藏产业结构升级中也有相当一部分可以被自身解释，但解释强度也是递减的。西藏产业结构升级可以被技术创新（解释强度是递增的）、社会需求（解释强度是递增的）解释的部分较多，其中被社会需求解释的部分最多，被外部因素（解释强度是递减的）解释的部分最少。

第四节　Granger 因果关系检验和
误差修正模型（ECM）

与脉冲响应函数分析、方差分解模型相似，Granger 因果关系检验也可以解释因变量与自变量的双向影响问题。同时，通过 ECM 模型，可以保证结构向量自回归模型（也包括脉冲响应函数分析、方差分解模型、Granger 因果关系检验）分析结果的有效性。

一、基于结构向量自回归模型的 Granger 因果关系检验

Granger 因果关系检验可以检验云南、广西、西藏变量 Y、$X1$、$X2$、$X3$ 之间的因果关系，Eviews7.0 软件进一步给出 Granger 因果关系检验结果，Granger 因果关系检验结果如表 5–9 ~ 表 5–11 所示。

表 5–9　变量 Y、$X1$、$X2$、$X3$ 之间 Granger 因果关系检验结果（云南）

滞后期	原假设	自由度	F 统计量	P 值
1	$X1$ 不是 Y 的 Granger 原因	21	0.95	0.34
1	$X2$ 不是 Y 的 Granger 原因	21	9.07	0.00***
1	$X3$ 不是 Y 的 Granger 原因	21	7.41	0.01***
2	$X1$ 不是 Y 的 Granger 原因	20	0.50	0.61
2	$X2$ 不是 Y 的 Granger 原因	20	3.22	0.06*
2	$X3$ 不是 Y 的 Granger 原因	20	3.06	0.07*
3	$X1$ 不是 Y 的 Granger 原因	19	0.39	0.76
3	$X2$ 不是 Y 的 Granger 原因	19	1.51	0.26
3	$X3$ 不是 Y 的 Granger 原因	19	3.00	0.07*

注：* 表示在 0.1 水平下显著，** 表示在 0.05 水平下显著，*** 表示在 0.01 水平下显著。表 5–10、表 5–11 同。

表 5 – 10　　变量 Y、$X1$、$X2$、$X3$ 之间 Granger 因果关系检验结果（广西）

滞后期	原假设	自由度	F 统计量	P 值
1	$X1$ 不是 Y 的 Granger 原因	21	5.44	0.03 **
1	$X2$ 不是 Y 的 Granger 原因	21	11.15	0.00 ***
1	$X3$ 不是 Y 的 Granger 原因	21	7.90	0.01 ***
2	$X1$ 不是 Y 的 Granger 原因	20	5.31	0.01 ***
2	$X2$ 不是 Y 的 Granger 原因	20	10.68	0.00 ***
2	$X3$ 不是 Y 的 Granger 原因	20	6.78	0.00 ***
3	$X1$ 不是 Y 的 Granger 原因	19	2.59	0.11
3	$X2$ 不是 Y 的 Granger 原因	19	6.11	0.00 ***
3	$X3$ 不是 Y 的 Granger 原因	19	4.52	0.02 **

表 5 – 11　　变量 Y、$X1$、$X2$、$X3$ 之间 Granger 因果关系检验结果（西藏）

滞后期	原假设	自由度	F 统计量	P 值
1	$X1$ 不是 Y 的 Granger 原因	21	0.09	0.76
1	$X2$ 不是 Y 的 Granger 原因	21	2.97	0.10 *
1	$X3$ 不是 Y 的 Granger 原因	21	8.22	0.01 ***
2	$X1$ 不是 Y 的 Granger 原因	20	0.18	0.83
2	$X2$ 不是 Y 的 Granger 原因	20	0.71	0.51
2	$X3$ 不是 Y 的 Granger 原因	20	6.31	0.01 ***
3	$X1$ 不是 Y 的 Granger 原因	19	0.41	0.74
3	$X2$ 不是 Y 的 Granger 原因	19	0.22	0.87
3	$X3$ 不是 Y 的 Granger 原因	19	3.23	0.06 *

表 5 – 9 显示，滞后期为 1 期、2 期时，外部因素（$X1$）、技术创新（$X2$）、社会需求（$X3$）都是云南产业结构升级的 Granger 原因。也就是说，滞后期为 1 期、2 期时，外部因素、技术创新、社会需求对云南产业结构升级的影响是显著的。滞后期为 3 期时，社会需求是

云南产业结构升级的 Granger 原因，即滞后期为 3 期时，社会需求对云南产业结构升级的影响是显著的。

表 5 – 10 显示，滞后期为 1 期、2 期时，外部因素、技术创新、社会需求都是广西产业结构升级的 Granger 原因。也就是说，滞后期为 1 期、2 期时，外部因素、技术创新、社会需求对广西产业结构升级的影响是显著的。滞后期为 3 期时，外部因素不是广西产业结构升级的 Granger 原因，技术创新、社会需求都是广西产业结构升级的 Granger 原因。即滞后期为 3 期时，外部因素对广西产业结构升级的影响不显著，技术创新、社会需求对广西产业结构升级的影响是显著的。

表 5 – 11 显示，滞后期为 1 期、2 期、3 期时，社会需求是西藏产业结构升级的 Granger 原因。外部因素、技术创新不是西藏产业结构升级的 Granger 原因，也就是说，滞后期为 1 期、2 期、3 期时，社会需求对西藏产业结构升级的影响是显著的，外部因素、技术创新对西藏产业结构升级的影响不显著。

二、基于结构向量自回归模型的误差修正模型（ECM）

如果 Y 与 $X1$、$X2$、$X3$ 是协整的，则 Y 与 $X1$、$X2$、$X3$ 之间的短期均衡关系总能用一个误差修正模型表述。取滞后期为 2 期，Y、$X1$、$X2$ 和 $X3$ 将构造如下误差修正模型（ECM）：

$$\Delta Y_i = \sum_{i=1}^{2} \left[\alpha_{1i}\Delta Y_{t-i} + \beta_{1i}\Delta X1_{t-i} + \chi_{1i}\Delta X2_{t-i} + \delta_{1i}\Delta X3_{t-i} \right]$$
$$+ \lambda_1 \cdot ecm_{t-1} + C_1 + \mu_{1t}$$

$$\Delta X1_i = \sum_{i=1}^{2} \left[\alpha_{2i}\Delta Y_{t-i} + \beta_{2i}\Delta X1_{t-i} + \chi_{2i}\Delta X2_{t-i} + \delta_{2i}\Delta X3_{t-i} \right]$$
$$+ \lambda_2 \cdot ecm_{t-1} + C_2 + \mu_{2t}$$

$$\Delta X2_i = \sum_{i=1}^{2} \left[\alpha_{3i}\Delta Y_{t-i} + \beta_{3i}\Delta X1_{t-i} + \chi_{3i}\Delta X2_{t-i} + \delta_{3i}\Delta X3_{t-i} \right]$$
$$+ \lambda_3 \cdot ecm_{t-1} + C_3 + \mu_{3t}$$

$$\Delta X3_i = \sum_{i=1}^{2} \left[\alpha_{4i}\Delta Y_{t-i} + \beta_{4i}\Delta X1_{t-i} + \chi_{4i}\Delta X2_{t-i} + \delta_{4i}\Delta X3_{t-i} \right]$$
$$+ \lambda_4 \cdot ecm_{t-1} + C_4 + \mu_{4t}$$

用 Eviews7.0 软件对误差修正模型的估计结果如表 5 – 12 所示。

表 5 – 12　　　　　　　　误差修正模型（ECM）估计结果

误差修正	D（Y）– 云南	D（Y）– 广西	D（Y）– 西藏
D［Y（–1）］	–0.33［–2.32］	0.07［0.19］	–0.11［–0.55］
D［Y（–2）］	–0.41［–2.41］	–0.26［–0.82］	0.00［0.00］
D［$X1$（–1）］	–0.55［–2.32］	–0.24［–0.82］	0.18［1.14］
D［$X1$（–2）］	–0.48［–1.59］	–0.30［–1.04］	0.20［1.24］
D［$X2$（–1）］	–0.12［–0.70］	0.19［0.40］	0.37［1.45］
D［$X2$（–2）］	0.16［1.14］	–0.37［–0.71］	–0.15［–0.52］
D［$X3$（–1）］	–0.06［–0.54］	–0.36［–1.64］	0.24［1.97］
D［$X3$（–2）］	0.21［1.82］	0.07［2.95］	–0.01［–1.05］
EC（–1）	–0.56［–4.92］	–0.65［2.35］	–0.53［2.01］
C	0.01［–1.68］	0.06［0.89］	0.09［0.59］
R – squared	0.89	0.92	0.86
Adj R – squared	0.84	0.89	0.81
F 值	72.27	78.63	69.21
Akaike AIC	7.32	6.38	7.88
Schwarz SC	7.55	6.68	8.31
Log likelihood	–57.35	–54.53	–63.23

注：方括号内为 t 统计量。

表 5 – 12 中的 ECM 整体检验结果表明，误差修正系数为负，符合反向修正机制。当修正系数为 1 时，云南、广西、西藏产业结构升

级与各变量的当年均衡误差在下一年可调整到均衡状态，云南、广西、西藏误差修正模型中的修正系数是 −0.56、−0.65、−0.53，并且 t 统计量比较大，说明每年云南、广西、西藏与长期或均衡值的差距约有 56%、65%、53% 得到调整，对当期非均衡误差调整的自身修正能力比较强。同时，云南、广西、西藏误差修正模型的对数似然函数值（Log likelihood）分别为 −57.35、−54.53、−63.23，这些数值的绝对值比较小，AIC 和 SC 值也比较小，分别为 7.32 和 7.55（云南）、6.38 和 6.68（广西）、7.88 和 8.31（西藏），说明云南、广西、西藏误差修正模型的整体解释能力比较强。通过误差修正模型，可以保证上述分析结果的有效性。

本章在理论分析的基础上，运用 SVAR 模型分析外部因素、技术创新以及社会需求对西南边疆民族地区产业结构升级的驱动作用，并且进行比较。根据以上实证分析结果可以得出，结构向量自回归模型估计结果、基于结构向量自回归模型的脉冲响应函数分析、基于结构向量自回归模型的方差分解模型分析以及 Granger 因果关系检验所得出的结论基本上是一致的，这些方法分别从不同角度分析了西南边疆民族地区产业结构升级是如何受外部因素、技术创新以及社会需求的影响的。基于结构向量自回归模型的脉冲响应函数分析结果主要是从产业结构升级对各自变量响应大小的角度进行分析，基于结构向量自回归模型的方差分解模型分析结果则具体测算出了产业结构升级对各自变量响应大小的具体数据，Granger 因果关系从滞后 1 期到滞后 3 期检验了各变量之间是否具有因果关系。

从结构向量自回归模型估计结果来看，云南产业结构升级受技术创新的滞后影响比较显著，受外部因素、社会需求的滞后影响不显著；外部因素、技术创新、社会需求对云南产业结构升级当期影响不显著。广西产业结构升级受技术创新的滞后影响比较显著，受外部因素、社会需求的滞后影响不显著；社会需求对广西产业结构升级当期影响比较显著。外部因素、技术创新对广西产业结构升级当期影响不显著。西藏产业结构升级受技术创新、社会需求的滞后影响比较显著，受外部因素的滞后影响不显著；外部因素、技术创新对西藏产业结构升级当期影响不显著，社会需求对西藏产业结构升级当期影响比较显著。

基于结构向量自回归模型的脉冲响应函数分析结果表明，短期内给外部因素、技术创新以及社会需求一个冲击后，从整体上看，云南产业结构升级受技术创新、社会需求（体现在长期）的响应比较大；广西产业结构升级受技术创新的响应比较大；西藏产业结构升级受技术创新的响应比较大。

基于结构向量自回归模型的方差分解模型分析结果表明，云南产业结构升级可以被技术创新、社会需求所解释的部分较多，被外部因素所解释的部分次之；广西产业结构升级可以被技术创新、社会需求所解释的部分较多，被外部因素所解释的部分次之；西藏产业结构升级可以被技术创新、社会需求所解释的部分较多，其中被社会需求所解释的部分最多，被外部因素所解释的部分最少。

Granger 因果关系检验结果表明，滞后期为 1 期、2 期、3 期，整体来看，技术创新、社会需求是云南、广西、西藏产业结构升级的 Granger 因果关系原因，并且也具有一定的滞后性。

综上所述，本章运用结构向量自回归（SVAR）模型、基于结构向量自回归模型的脉冲响应函数、基于结构向量自回归模型方差分解模型分析以及基于结构向量自回归模型的 Granger 因果关系检验，得出的结果基本一致，西南边疆民族地区（云南、广西、西藏）产业结构升级受技术创新、社会需求的驱动影响都比较大，并且具有一定滞后性。这与本书第四章得出的技术创新对西南边疆民族地区产业结构升级的空间溢出效应存在，并且技术创新、社会需求对西南边疆民族地区产业结构升级的促进作用是显著的结论也是一致的。

第六章　结论、研究局限性与启示

本书第一～五章在文献综述以及相关理论分析的基础上，结合西南边疆民族地区的具体情况，对技术创新对产业结构升级的影响机制进行了理论分析，本章将在此基础上，运用相应实证分析方法进行验证，得出研究结论、研究局限性以及相应启示。

第一节　研究结论

一、西南边疆民族地区产业结构与产业发展绩效方面

随着"西部大开发"战略、共建"一带一路"倡议的实施，西南边疆民族地区经济得到较快发展。产业结构上，西南边疆民族地区三省（区）产业产值结构和产业就业结构也进行了较大调整。由于西藏工业化程度不高，西藏产业结构比例严重不协调，表现为西藏第二产业占 GDP 的比重远低于全国，第一产业占 GDP 的比重高于全国，第三产业占 GDP 的比重高于全国。云南、广西产业结构比较相似，由于云南、广西工业化程度以及经济现代化程度都低于全国水平，所以云南、广西第一产业占 GDP 的比重高于全国，第二和第三

产业占 GDP 的比重低于全国。云南、广西、西藏第一产业产业结构偏离度均为正值，并且产业结构偏离度都比较大，云南、广西、西藏第二产业、第三产业产业结构偏离度都是负值，说明云南、广西、西藏第一产业在吸纳就业方面发挥着重要作用，第二产业、第三产业吸纳就业能力不足。总之，在整个西南边疆民族地区三省（区）产业结构中，三次产业呈现出三、二、一的顺序，这与全国的产业结构是一致的。西南边疆民族地区三省（区）产业结构与就业结构脱节现象比较明显，这与全国也基本一致。

产业发展绩效上，西南边疆民族地区三省（区）发展绩效比较好的产业基本变化不太大，三省（区）发展绩效比较好的产业正逐步向自身的资源优势产业及高技术产业方向发展。西南边疆民族地区三省（区）旅游业总体发展绩效比较好，旅游业也逐渐成为西南边疆民族地区三省（区）的优势产业。

二、创新驱动产业结构升级影响机制方面

经过分析，创新驱动产业结构升级诱因有：基于深化社会分工的驱动、基于创新型人才资源开发的驱动、基于政府的政策导向的驱动、基于创新驱动改变供需结构的驱动、基于创新驱动强化空间关联的动因、基于创新驱动经济增长新动能的动因。通过这些诱因的作用，创新与产业转型升级有机融合形成了"互动、匹配、协同"发展的过程。国内外实践也证明，技术创新活动与产业转型升级共生与互动好的国家，有利于产业结构的转型与升级，技术创新活动与产业转型升级共生与互动差的国家，会对产业结构的转型与升级造成阻碍。创新对产业结构升级的驱动能够带来一系列正效应，从而在很大程度上促进产业结构升级的质量提升。本书构建了一个创新对区域产业结构升级影响机制的分析

框架，通过数学推导的形式（借助常微分方程的推导），对创新对区域产业结构升级影响机制进行了模型分析（包括假设条件、模型推导、均衡状态等）。数理模型分析也证明了技术创新对区域产业结构升级具有溢出效应，这种溢出效应能够极大地促进区域产业结构升级，而区域与区域之间的空间溢出效应，亦能促进区域产业结构的转型与升级。

三、创新驱动产业结构升级影响机制实证检验方面

空间面板数据分析结果验证技术创新对基本案例区西南边疆民族地区三省（区）产业结构升级空间溢出效应是存在的，也得出结论说明技术创新、社会需求对本省（区）的产业结构升级产生促进作用是显著的。这也证明了经济落后地区的产业技术水平对经济发达地区的产业技术水平存在着追赶效应，经过长期追赶，经济落后地区的产业技术水平增长率将等于经济发达地区的产业技术水平增长率，经济落后地区也将进一步缩小与发达地区间的差距。这就证明了由于技术创新具有溢出效应，而区域与区域之间的技术创新具有空间溢出效应，产业技术水平比较落后的地区通过加快技术创新，可以形成追赶效应，使得经济落后地区的产业技术水平赶上经济发达地区的产业技术水平。

本书的 SVAR 模型分析结果（包括结构向量自回归模型估计结果、基于结构向量自回归模型的脉冲响应函数分析、基于结构向量自回归模型的方差分解模型分析以及 Granger 因果关系检验）与空间面板数据分析结果基本一致，表明技术创新、社会需求对西南边疆民族地区产业结构升级的影响是显著的，并且具有一定滞后效应。

第二节 研究局限性与未来研究展望

本书运用了一定数理统计与评价分析方法对创新驱动对西南边疆民族地区产业结构升级的影响机制进行实证分析，这是比较少见的。本书的研究在一定程度上来说具有创新性，但是也具有一定局限性。

一、研究局限性

(一) 数据标准化及权重处理方法的局限性

本书运用空间面板数据模型和结构向量自回归模型进行实证分析，所用到的指标数据由于单位及数量级的差异，需要进行标准化处理。但是，到目前为止，尚无十全十美的标准化处理方法，本书所用的比值化处理方法，很显然没有完全消除指标数据在单位及数量级上的差异。

(二) 数据来源及计算困难

对于书中涉及比较难以收集的数据和资料，因此需要去西南边疆民族地区部分省（区）调研，考察产业发展情况，发放及回收调查问卷等，以尽可能地获取第一手资料、第一手数据，为创新驱动西南边疆民族地区产业结构升级的模型构建提供资料、数据支撑。但是实地调研会遇到不小的困难，不仅在时间上受限制，也缺少必要的人力、物力、财力。另外，受客观条件的限制，本书的模型分析只涉及西南边疆民族地区三省（区），没有对我国其他省（区、市）进行模型分析。

（三）结构向量自回归模型本身所存在的缺陷

结构向量自回归模型比向量自回归模型优越的地方在于可以反映变量之间的同期影响关系，相应的基于结构向量自回归模型的脉冲响应函数分析、基于结构向量自回归模型的方差分解模型分析结果也更加精确。虽然可以反映自变量对因变量的同期影响关系，即可以反映出西南边疆民族地区创新因素、外部因素、需求因素对产业结构升级的作用，但是难以直接测量创新因素对西南边疆民族地区产业结构升级的溢出效应。

二、未来研究展望

（一）数据标准化及权重处理方法的进一步发展

随着数据标准化方法的进一步发展，更加先进的数据标准化方法会被陆续提出。也就是说，将产生这样一种方法，在有效消除指标数据单位、数量级影响的同时，还可以保留指标数据的全部信息。因此，更加先进的数据标准化方法，可以更好地对西南边疆民族地区创新驱动产业结构升级影响进行研究。

（二）数据来源渠道的进一步完善

随着今后进一步拓宽指标数据来源渠道，本书对创新驱动产业结构升级的研究将不仅涉及西南边疆民族地区三省（区）（云南、广西、西藏），还能够涉及其他省份的相关数据。研究团队将会逐渐对这些内容展开全面研究，组织团队成员到相关省（区）进行调研，以尽可能地获取第一手资料、第一手数据；为创新驱动西南边疆民族地区产业结构升级的模型构建提供资料和数据支撑，以期取得更大的研究成果。

（三）结构向量自回归模型的进一步完善

结构向量自回归模型是向量自回归模型的进一步拓展和深化，随着结构向量自回归模型的进一步完善，结构向量自回归模型施加的约束条件可以适当作出调整，不仅可以反映出西南边疆民族地区创新因素、外部因素、需求因素对产业结构升级的作用，也可以直接测量创新驱动边疆民族地区产业结构升级的溢出效应。

第三节　相应启示之处

西南边疆民族地区的优势产业基本属于自然资源利用型产业，制造业不发达，产业创新能力弱。因此，要进一步解放思想，加大投入，以增强自我发展能力为主线，以改善民生为核心，以科技进步为支撑，进一步优化产业结构。应从以下几个方面着手，加快实现创新驱动西南边疆民族地区产业结构升级，促进西南边疆民族地区经济高质量发展。

一、加强组织协调力度，强化公共服务能力

（一）加强组织协调力度

1. 编制发展规划

由西南边疆民族地区各省（区）发展和改革委员会牵头，会同中国人民政治协商会议经济委员会、科技、国土资源、财政、国资、

农业、工商、金融、环境保护、税收、统计等相关部门编制产业发展规划，规划的内容应主要包括产业发展的总体思路、目标、重点项目、重点措施等。一是要强化规划的指导作用，使产业发展规划与当地经济发展目标相衔接，以产业发展规划为切入点，引导相关联行业企业向专业园区聚集，从而形成较为合理的产业布局；二是要将重点产业集群列为优先发展目录，明确发展布局，切实做到优先支持优势产业、高技术产业项目，使得优势产业、高技术产业在投资项目审批、土地使用指标、政府资金扶持、基础设施配套上都能得到优先安排；三是要规划建设一批优势产业集群升级示范区，按照区域经济协调发展和产业竞争力提升的要求，发挥政府的宏观引导作用，推动创新型产业的成长，积极打造产业升级示范区，建设区域优势产业品牌，从而促进西南边疆民族地区产业升级以及经济的可持续发展。

2. 加大财税政策支持

每年安排一定专项资金，支持重点产业进行技术改造、技术创新项目建设及公共服务平台建设。要重点支持优势产业项目、高技术产业项目前期工作、技术改造和技术研发。各市（州）、县政府也要结合实际，安排资金支持培育发展优势产业项目、高技术产业项目建设。各市（州）、县政府可以将已收取的土地使用费部分或全部返还，对优势产业项目、高技术产业项目的经营性收费进行适当减免，切实落实有关税收优惠政策。

建立银企合作机制。积极运用发债、上市、基金、授信、融资租赁等多渠道筹措资金，推进中小企业担保体系与风险防范体系建设，做好对重点产业集群内企业尤其是中小企业的融资服务工作，改善企业尤其是中小企业的融资环境。积极协调各商业银行和金融机构，在信贷上积极支持已经立项的产业集群发展项目，优先安排、重点支持生产效益高、还贷能力强的企业所需要的贷款，在此基础上提供多种金融服务，并且加强对重点产业集群内企业上市工作的协调服务。除此以外，国土部门对优势产业项目、高技术产业项目在土地使用指标上给予优先安排和保证，在项目的工商登记程序、通关（包括检验、检疫、边检等）程序上提供便利，并优先办理相关审批手续。

（二）强化公共服务能力

1. 建设服务型政府

加快转变政府职能，建设服务型政府，构建良好的发展环境。西南边疆民族地区各省（区）政府要专注于消除妨碍生产力发展的障碍，加快转变政府职能，减少行政许可，缩小审批范围，简化审批程序，实行政务一站式服务，确保政策规范、透明，抓好政策环境的建设。实行政企分开，减少审批事项，简化行政审批程序，强化服务意识，包括具体产业发展规划的实施、政策的制定，财税优惠政策的落实，投资项目的落实，土地、工商登记等。建立健全行政机关首问负责制、限时办结制、责任追究制等制度，提高行政效能，强化政府的诚信、责任和服务意识。消除行政垄断、地方保护、地方封锁，支持发展特色优势产业，推动西南边疆民族地区产业结构升级。同时，还应通过加强信息发布、政策咨询、关键技术攻关等服务工作进一步促进西南边疆民族地区优势产业、高技术产业的发展，继续贯彻落实西部大开发政策、出口加工区、国家经济技术开发区等一系列政策措施。①

2. 构建公共服务平台

要以市场运作的方式，建立公共服务平台，为企业制定技术标准、提供信息、制定竞争规范、保护知识产权，帮助建立健全法律

---

① 陈恩，张乖利，扶涛. 人力资源开发与产业转型升级的耦合机理研究［J］. 广东农工商职业技术学院学报，2017，（8）：54－59.

仲裁、创新孵化、技术合作、审计会计、信息咨询、技术咨询、策划设计、难题招标、成果转让、技术规范、资金担保、技能培训、环保安全等中介机构，鼓励发挥中介服务机构和企业协会、商会、行会等在沟通政府企业、制定行业标准、规范行业秩序、协调行业纠纷、保证行业公正等方面独有的作用，为企业提供社会化、专业化和规范化的服务。重点搭建银企对接、产销对接、研企对接的平台，促进企业与金融机构、科研院所等进行有效对接，重点扶持辐射范围广、技术创新能力强的龙头企业建立产业关键技术研发中心以及相应的服务中心，促进新技术的研发、应用与资源共享。形成一批功能完善的研发创新中心、担保中心、产业协会、行业协会等产业公共服务体系，逐步形成一批综合配套功能齐全、产业技术创新明显、竞争力强的产业集群。建立区域性物流园区、区域物流配送中心，并且培育形成一批国际性、全国性的产品市场中心，引导企业进行产品国际质量认证工作，加快企业产品质量评价标准与国际接轨的步伐。①

3. 加强基础设施建设

西南边疆民族地区不少地区是高原山地，山高坡陡，而且海拔差距很大，因此城市发展受限、交通不便的问题尤为突出，制约了经济社会的发展，要进一步加大投入，继续加强西南边疆民族地区交通、水利、通信、仓储和能源等基础设施建设，对特色优势产业集聚地，加强供水条件和环保、排水、排污、垃圾处理、绿化、生活设施配套等城市基础设施的建设。优化西南边疆民族地区运输网络布局，提高西南边疆民族地区公路、铁路、水路、民航等交通设施的通行效率，创造良好的投资环境。依托南亚、东南亚交通枢纽，整合西南边疆民

---

① 李海光，李耿民，潘贤新，等．南宁市现代物流业发展的制约因素及对策建议[J]．广东农工商职业技术学院学报，2005，(4)：47－50.

族地区物流资源，促进现代物流业加快发展，为快速发展西南边疆民族地区特色优势产业奠定坚实的基础。[1]

4. 推进产业集群信息化建设

发挥信息技术在改造传统产业中集约倍增和催化的作用，重点抓好产销过亿元的产业集群内骨干企业的信息化工作，使传统产业通过信息技术实现数字化、智能化、网络化等改造，从而提高传统产业的技术水平；要通过计算机网络技术的应用，在最大范围内整合产业集群内企业技术创新资源，提高产业集群内企业的技术创新能力；产业集群是区际乃至国际分工的结果，因此需要进一步加强优势产业集群与国内、国际大市场的对接，通过信息资源优化配置，实现物流、信息流的优化，提高产业集群与市场对接的能力；政府、行业协会和企业还可以通过中国—东盟博览会等国际性的产品或服务交流渠道，加强产业集群内的企业产品或服务推介以及品牌的打造，以使优势产业集群具有持久创新动力。

二、做大做强产业集群，拉延产业链

（一）做大做强产业集群建设

要形成以下共识：各产业集群不仅是构成当今世界经济的基本空间构架，还常常是一国或一地竞争力之所在。培育和发展产业集群，并且加快大企业集团建设是提高国家和地区竞争力以应对全球化挑战的重要政策措施，也是建设环境友好型、资源节约型社会，构建人、自然、社会和谐发展局面的需要。从经济发达地区发展产业集群的成

---

[1]　罗文华，薛勇军. 区域支柱产业演变评价及发展策略：基于云南省的个案研究 [J]. 学术探索，2017，（6）：88 - 92。

功实践经验来看，应从过去的支持"企业—产业"，进一步转变为支持"集群—产业—企业"，产业不兴旺，单个企业也很难有好的发展前途。目前产业集群建设和大企业集团建设问题已引起西南边疆民族地区各省（区）的高度重视，但个别地方重视程度还是不够，亟待统一思想认识。一是要认识产业集群与新型工业化和新型城镇化之间的关系。必须坚持以工业化带动城镇化，以城镇化促进工业化，走新型工业化和新型城镇化道路。大力发展优势产业集群，壮大优势产业，是实施工业化城镇化核心战略的应有之义。二是扩大对外开放与合作。抓住机遇、扩大开放、获取资源、发展自我，是西南边疆民族地区发展优势产业群的客观需要。只有扩大对外开放，才能壮大经济实力，扩大市场规模。只有经济实力不断提升，市场规模不断扩张，才能进一步壮大优势产业集群，从而进一步夯实对外开放与合作的基础。三是通过支持大企业集团和龙头企业，形成各类优势产业集群。要认识产业集群和大企业集团建设实现和提高西南边疆民族地区经济综合竞争力的有效途径。当前，西南边疆民族地区经济基础比较薄弱，发展实力不强，一个重要原因是优势产业不强，产业集群还没有形成。必须着力发展优势产业集群，大力培育各行业的龙头企业，积极发展龙头企业配套的中小企业，加快形成各类优势产业集群，以增强优势产业的国内外竞争力，为西南边疆民族地区提供强大的产业基础。

（二）拉延产业链

产业集群和大企业集团建设是提高自主创新能力的重要手段。增强自主创新能力、建设创新型国家，是党中央在新的历史时期，开创社会主义现代化建设新局面的重大战略举措。唯有增强自主创新能力，大力发展优势产业集群，才能培育出具有核心竞争能力、辐射带动能力强的龙头企业，才能延长产业链，做大做强优势产业，培育形成优势产业集群。应以产业升级为目标，紧紧围绕优势产业集群的发展，有针对性地开展对国内外知名企业的招商引资活动，重视技术、资金密集型产业的发展，促进新兴产业集群的形成。努力拉长优势产业的产业链，做大做强优势产业，并且拉近与优势产业相配套的相关产业链，大力延伸和拉长产业集群产业链，促使产业集群内各企业实现互补，降低生产成本，实现资源的综合利用。让发展较好的产业集群，通过产业链的延伸，在产业链上下游的一些环节上培育出新的产业集群，增加各产业集群之间的时空关联性。另外，还要在产业链内实行循环贷款，以有效降低企业金融风险，促进产业链内金融机构与产业集群的对接，使产业链内企业优先获得信贷支持，以利于产业集群内的企业尤其是中小企业的发展。

（三）对云南省产业的具体分析

云南省优势产业大多是以当地得天独厚的优势资源为依托的，因此具有较强的竞争力。云南省烟草业中，2008 年重组后的红云红河烟草集团、红塔集团（含联营）的卷烟产销规模都居中国烟草界前列。红云红河烟草集团成为奥驰亚集团、英美烟草、日本烟草、帝国烟草公司后的世界第五大烟草集团。生物产业中，茶、糖、花、胶等持续增长，切花已成为全国最大产区，糖、胶则是全国第二大产区，茶叶是全国第三大产区。矿产业中，已形成了以云南冶金集团总公司、铜业集团公司、锡业集团公司、贵研集团和地矿勘察工程总公司（集团）等骨干企业为支撑的，与地质勘探、矿山采选、工程勘察、加工冶炼、科研教育等部门共同组成的较完善的产业链。云天化集团是国内最大的磷矿采选及磷肥生产企业之一，也是全球十大磷肥生产商之一。以云南机床为代表的云南光机电产业，在自主创新和品牌效应上具有较强的竞争优势。昆明机床厂等重点骨干企业均设立了技术中心，培育了一批拥有自主知识产权、较高技术水平、较强市场竞争力和较高市场占有率的新产品和名牌产品。云南省独特的民族文化风情，吸引了来自四方的游客，已形成包括旅游、交通、餐饮的完整产业体系。中老铁路的运营以及《区域全面经济伙伴关系协定》（Regiond Comprehensive Economic Partnership，RCEP）的生效也为云南省融入东南亚旅游圈、大湄公河次区域（GMS）旅游圈创造了良好的机遇。

（四）对广西壮族自治区产业的具体分析

广西壮族自治区要进一步全力打造食品、汽车、石化、电力、有色金属、冶金、机械、建材、造纸与木材加工、电子信息、医药制造、纺织服装与皮革、生物、修造船及海洋工程装备等产业，培育和发展新材料、新能源、节能与环保、海洋等新兴产业。大力发展工程机械、农用机械、运输机械、电工电气产业，着力建设产业基地，培育产业集群，不断提高机械工业的自主创新能力和新产品开发能力，不断提高产品质量和竞争力。

广西壮族自治区应加快工业结构调整，进一步增强工业主导作用，继续做大做强优势产业，着力培育发展强优企业，继续加快组建广西壮族自治区化工、有色金属、林业、橡胶、钢铁、柳工机械、玉柴汽车、柳州五菱、制药、粮油等企业集团。加快产业集群化发展，重点围绕以汽车和工程机械为重点的装备制造业、以铝为重点的有色金属工业、沿海大型石化及中下游产业链、钢铁产业的结构调整、林浆纸一体化产业、糖业及农副产品加工业等，统筹重大产业项目建设。要着力培育发展强优企业，继续实施品牌战略，力争新创一批名牌产品。加大工业技术改造力度，提升企业产品竞争力。围绕提高技术装备水平、促进工业信息化、提升自主创新能力和促进节能减排等重点，实施一批重大技术改造项目。进一步加强工业园区和工业集中区建设。加大园区及配套基础设施建设投入，采取多种方式新建一批标准厂房，规划建设污水集中处理等公共配套设施，加快引进产业转移项目，尽快形成新的增长点。要推进粮食、蔗糖、烟草制品等传统产业生产经营的规模化、专业化和机械化，不断提高劳动生产率，降低生产成本。同时，要大力发展农产品深加工，提高经济效益。要加快精制糖的开发，积极发展与糖相关的饼干、糖果、饮料等加工产业，积极开发以糖为原料的生物能源和生物化工，努力将蔗糖培育成新兴生物能源和生物产业，全面提高蔗糖业的经济效益和市场竞争力。要加快高档香烟的开发，提高市场占有率，做大做强广西烟草产业，提升产业竞争力。应加快发展广西壮族自治区的汽车产业，优化产品结构，加大对汽车工业及其技术创新的财政支持力度。

要加强优势产业集群项目建设。支持产业集群集聚区的项目前期工作，建立项目库；加快产业集群集聚区的重大项目建设，把集群的项目纳入自治区统筹推进的重大项目范围；大力支持承接产业转移的项目，支持产业集群的协作配套类项目。简化审批手续并享受有关项目建设费用减免优惠待遇，保证优势产业集群发展项目用地需要。优先保证产业集群重点企业煤、电、油、运等重要生产要素的供给。还应加快培育林浆纸产业，加快速生丰产林等基地的建设，确保生产原料的供给。还要加快发展修造船业。要大力培育龙头企业，通过招商引进、重组、兼并、收购等多种形式做大做强骨干企业，提升企业自主创新和开发能力。

（五）对西藏自治区产业的具体分析

近些年西藏自治区的支柱产业和重点产业是旅游业、特色农牧业及加工业、优势矿产业、以藏药为主的医药制药业、以青稞酒和矿泉水为代表的饮料制造业、民族手工业、建筑建材业、旅游业等。近些年农业、牧业产值占西藏自治区 GDP 的 10% 左右，比例高于全国其他绝大多数省份。其原因主要是西藏自治区工业化程度远低于全国平均水平，农业产值、牧业产值占比自然就高。西藏自治区旅游业的发展也会带来游客对农畜产品的大量需求，因此也应该把农业和牧业看作西藏自治区的支柱产业或优势产业。

从 2000 年开始，西藏自治区政府对包括旅游、药业、林业、矿业、农畜产品加工、建筑建材业等在内的一系列产业实行"从轻从简"的税收政策。对外省（区、市）投资者在藏兴办的企业或项目，一律执行 15% 的企业所得税税率；对投资者新办的一些产业或项目，在一定经营期内免征企业所得税。国家、自治区认定为高新技术产业和高科技产品的企业，自生产经营之日起，分别免征企业所得税 10 年、8 年；兴办旅游企业或项目，自经营之日起，免征企业所得税 7 年；从事药业生产经营的，自生产经营之日起，免征企业所得税 6 年；从事林下资源开发和林产品深加工、农畜产品加工或农牧业产业化经营、地质勘查、矿产品加工、新型建筑材料生产的，自生产经营之日起，一律免征企业所得税 5 年。另外，投资者将其在西藏自治区内兴办企业取得的利润，直接再投资于该企业增加注册资本，或者作为资本在西藏自治区投资兴办其他企业，且经营期在 3 年以上的，经投资者申请，税务机关批准，全额退还其再投资部分已缴纳所得税税款；开发区内企业所得税率更加优惠，一般为 10%。

西藏自治区旅游业在全球具有极高的知名度，是一个非常具有吸引力的旅游目的地。旅游业应该成为其最重要的支柱产业和优势产业，其他产业的发展应该围绕旅游业这个核心产业进行。具体来说，就是为游客提供舒心的旅游环境和多样化的旅游产品，确保良好的旅游市场秩序，让到西藏自治区旅游的游客吃得放心、玩得开心、行得安心，留下美好的记忆。西藏自治区的产业发展应该以满足区内居民需要和到区内旅游的游客需要为方向；以旅游业为龙头，各项优惠政策应该围绕旅游业的发展来设计。

三、加强基地和园区建设，积极培育和发展龙头企业

（一）加强基地和园区建设

进一步加强现代烟草原料基地建设，以云南为例，应积极推进昆明、曲靖、玉溪、红河现代农业科技创新园建设，加强生物医药、天然橡胶、茶叶、蔗糖、花卉、蔬菜、水果、畜牧产品等特色优势产业的原料基地建设；加快生物医药、生物制造、生物能源加工园区和创新平台建设。滇中重点发展磷化工、精细磷化工、石油化工等产业；滇中、滇东北重点发展煤化工、乙炔化工等产业。加强服务和调度，优先解决土地指标审批、资金审批等方面的问题。加快云南全省光电子行业优化整合步伐，推动各类生产要素和优质资产向优势企业和优势地区集中，实现资源的优化配置，提高产业集中度，形成若干各具特色的，以大公司、大企业集团为核心，专业化中小企业协调配套的产业集群。组织实施"光电子产业链构建工程"，在昆明高新技术产业开发区、昆明经济技术开发区等有条件的地区建立光伏、半导体照明等光电子产品应用的"示范工程"或"示范园区"。

以广西为例，从广西实际出发，要把做大做强做优工业作为转变经济发展方式、全力推进产业结构转型升级、增强可持续发展能力的主攻方向，以发展促转变，以转变谋发展。按照布局合理、土地集约、产业集聚、生态环保的原则，整合、优化、提升现有广西各类工业园区，使广西各类工业园区发展规划与优势产业集群发展规划相衔接，合理确定各类工业园区主导产业，大力培育优势产业集群内企业知名品牌。此外，也要加快用高新技术改造提升传统产业，振兴柳州、桂林、南宁、梧州、玉林等老工业基地，加快建设防城港钢铁生产基地，着力打造百色铝循环经济园区、河池有色金属循环经济园

区、崇左锰循环经济园区，不断扩大产业规模，提高产品竞争水平。

（二）积极培育和发展龙头企业

1. 实施龙头企业和品牌带动战略

支持龙头企业兼并、重组、收购，完善龙头企业相关激励机制，对有突出贡献的龙头企业以及优秀企业家给予奖励。重点支持一批产值高、带动作用突出的龙头企业的发展，在资金、技术、信息等方面给予倾斜，使龙头企业成为优势产业集群的核心主体，发挥龙头企业在优势产业集群发展中的带动作用和带动效应，逐步吸引更多企业集聚，不断通过"质量立群""创新立群"和"信用立群"，大力提升优势产业集群整体形象。应组织企业参加各种重要会展，为企业拓展商机的同时，打造自己的区域企业品牌，发挥企业品牌效应。创造出若干个具有全国乃至世界影响力的地区品牌，这也是现代产业集群成功的重要标志，知名的地区品牌能创造出非常高的综合价值，可以进一步促进产业集聚、企业集聚以及地方招商引资活动的开展。在产业集群建设较好的地方，要通过原产业集群中产业链的延伸，在上下游的一些环节上培育新的产业集群，增强产业集群与产业集群之间的关联性，逐步形成产业集群网络。各优势产业也需要行业范围内、产业集群范围内的这种产业链的延伸和整合。

2. 整合龙头企业

加速龙头企业强强联合与重组，从而打造产业集群的内核，充分发挥龙头企业示范、辐射和带动作用。依靠市场的力量实现资源的优化配置，积极开展产业链招商引资，通过产业链为投资者带来原材料、产品市场以及中间产品。这样可以降低龙头企业交易成本，降低投资风险，提高资金回报率，吸引龙头企业聚集，从而形成产业集群。但是政府对龙头企业的支持不代表可以免去龙头企业应尽的义务，对龙头企业中高额利润的优势产业资源初级加工企业，规定一定比例的利润必须用于投资下游产业。承接优势产业转移项目所缴纳的土地使用权出让金，必须按规定执行。在整合龙头企业的同时，也要充分发挥中小企业的作用，鼓励民营企业积极参与国有企业改革与重组，为产业集群的发展培育健康而富有活力的微观主体。

3. 促进产业集群专业化分工

按照市场经济规律和企业自愿的原则，引导集群企业加强产业链上下游整合和同行业分工发展。在国家级和省级经济开发区和工业园区内设立园中园（配套中心）。鼓励产业集群核心企业将核心业务以外的业务剥离，衍生一批配套企业。重点发展的优势产业集群中配套企业（由核心企业业务剥离形成的配套企业）连续三年在国内同行业中综合实力进入前十位或单个产品国内市场占有率进入前三位的，可以给予一定数额奖励。

四、深化与东南亚国家产业链合作，积极承接产业转移

（一）深化与东南亚国家产业链合作

相比经济发展水平相当或略低的东南亚国家，西南边疆民族地区的广西、云南有不少产业具有技术、资金及人才等方面的比较优势。以广西为例，广西的建材、制糖等产业都已经发展得比较成熟。广西可以充分利用东南亚国家相对丰裕及便宜的资源，促成这部分产业主动向部分东南亚国家转移，并进一步带动广西相关配套产业的产品出口。目前越南国内规模较大的建材企业有三百家左右，但这些企业生产工艺落后，产品研发能力不足，市场竞争力普遍较弱，投资也比较分散，一些高端产品依然需要进口才能满足越南本国需求。广西的蔗糖业在中国有举足轻重的地位，其产量占全国总产量的 60% 左右。而一些东南亚国家（如越南、印度尼西亚等）对蔗糖都有大量需求，

但是这些东南亚国家现有的糖厂设备老化，蔗糖产量与质量满足不了市场需求。广西的制糖业在生产、机械以及综合利用方面都具有优势，完全有能力加强与这些东南亚国家在蔗糖产业上的合作与发展，完善合作机制。除了建材产品、蔗糖等产品以外，广西近年来出口东南亚的还有机电产品、钢材、纺织品和矿产品。因此，广西应加快这些优势产业的发展，不断扩大这些产品的出口规模，提高这些产品在东盟国家的市场占有率。①

以云南为例，云南地处东亚、东南亚和南亚接合部，向东可与珠江三角洲、长江三角洲经济圈相连；向南可通过建设中的泛亚铁路东、中、西三线直达河内、曼谷、新加坡和仰光；向北可通向四川和中国内陆腹地；向西可经缅甸直达孟加拉国吉大港，经过南亚次大陆，连接中东，到达土耳其的马拉蒂亚分岔，转西北进入欧洲，往西南进入非洲。已经全面建成的 11 条出入境公路、10 条出入境铁路和 3 条出入境水运航道，使云南汇集西南、华南地区对南亚、东南亚的大部分进出口物流，并由此成为第三亚欧大陆桥东段最重要的枢纽。目前以昆明为终点，我国内陆地区进入云南的高等级公路有 7 条，通往周边国家的出境通道有 4 条，分别是中越、昆曼、中缅和经缅甸至南亚公路。而水运出境，通过与越南、缅甸和泰国的合作，建成 3 条国际陆水联运航道，分别是澜沧江至湄公河国际水运通道、中越红河水运通道和中缅陆水联运通道。② 2021 年12 月 3 日，中老铁路开通运营，2022 年 1 月 1 日，《区域全面经济伙伴关系协定》（RCEP）生效，更加便利了云南与东南亚国家之间的经贸联系。

---

① 谭芳香，王海伶，梁毅劼，侯圣君. 蔗糖加工业专利现状分析［J］. 甘蔗糖业，2018，（4）：33 - 40.
② 范建华，齐骥. 论云南在国家向西开放战略中的地位与作用：开放大西南重振南丝路的战略构思［J］. 学术探索，2014，（4）：24 - 31.

云南在对东南亚国家乃至整个东盟国家的开放中发挥了基础性作用，为西南边疆民族地区乃至全国的对外开放提供了良好的条件。随着第三亚欧大陆桥的形成，云南作为第三亚欧大陆桥物流中心的优势逐渐显现出来。云南应该积极开拓以东盟市场为重点的国际化经营，主动融入经济全球化和区域经济一体化，着眼于中国—东盟国际经济合作和全球范围内的经济结构调整，树立以东盟市场为重点的国际化经营总体思路。引导优势产业集群内企业积极融入跨国公司全球产业链，大企业发展产品互补，中小企业发展配套加工，建立优势产业集群内企业与全球生产体系的有机联系。

（二）积极承接产业转移

积极承接产业转移，充分利用国内外两种资源、两个市场，是壮大西南边疆民族地区优势产业集群的有效途径。当前，国际生产要素流动和产业转移的速度不断加快，特别是我国东部地区受劳动力、土地、资源和环境承载能力等因素制约，部分产业已经出现了明显的转移趋势，这为西南边疆民族地区加快发展带来了难得的机遇。因此必须站在全局的战略高度，充分认识到承接产业转移的重要意义，顺应趋势，抢抓机遇，以更积极的姿态和更有力的措施，加快推进承接产业转移的各项工作，促进西南边疆民族地区经济实现跨越式发展。紧紧围绕推进西南边疆民族地区新型工业化，以工业园区为载体，以承接符合国家产业政策、符合西南边疆民族地区经济发展需要的产业为目标，以承接东部发达地区产业转移为重点，加强基础设施建设，创造良好投资环境，积极主动承接产业转移，扩大就业岗位，加快推进工业化城镇化进程。尤其是广西，应充分发挥其毗邻广东的优势，积极承接产业转移，着力建设棉纺织、茧丝绸、服装、皮革等产业基地，尽快将纺织、服装和皮革产业培育成为广西新的千亿元产业。

五、强化人才支撑，提高科技创新能力，大力发展循环经济

（一）强化人才支撑

要加快优势产业和高新技术产业的发展，充足的人才是关键因素。优势产业和高新技术产业内的企业要发展壮大，必须要有一大批优秀人才，既包括管理团队、技术研发团队和熟练技工团队，也包括营销团队。一是要根据产业集群发展的规划和目标，充分利用西南边疆民族地区的教育资源，培养适应西南边疆民族地区优势产业集群发展所需要的管理、科研、技工、营销等各类人才，为西南边疆民族地区优势产业集群的发展创造条件。通过建设优势产业集群人才集聚小高地，加快完善产业集群人才培养、使用、评价、激励等相关机制，创造人尽其才、才尽其用的体制环境。[①] 二是要加强政府引导，紧紧依靠国内外知名高校和科研院所，积极走产、学、研结合之路，鼓励企业与院校合作共同培养人才。充分利用高校和科研院所的科研人才、科技成果和科研设备，共同攻关，加强企业创新和攻关能力，加强科研成果的转化力度，为产业集群内企业的产品开发和技术提升提供有效智力支持。三是要制定有利于吸引人才、留住人才、鼓励人才创业的激励政策。支持国内外的人才以兼职、短期服务、合作研究、承包经营、承担委托项目、技术入股等多种形式参加高新技术产业项目的开发研究。组织国内高级专家、优秀博士后和海外留学人员分期分批到高新技术产业集中地区进行考察和提供咨询服务，还可以运用现代通信手段和网络技术手段开展远程服务。四是要继续发挥东南亚

[①]　赵亚冠. 皮杨服装产业运营模式研究［D］. 大连：大连海事大学，2015.

侨胞、港澳台同胞的优势，东南亚侨胞、港澳台同胞是西南边疆民族地区优势产品走向世界的重要基石，应充分利用其经验和人脉，继续发挥其熟悉海外市场、营销经验丰富、拥有资金技术的优势，鼓励名优产品企业与其合作，以解决西南边疆民族地区国际业务人才不足等问题。

（二）提高科技创新能力

围绕产业结构升级和特色优势产业的发展，应加强科技创新能力建设，加快关键共性技术攻关的步伐，加强重大技术成果的推广应用，支持科研机构和高校加强基础研究、应用研究，加强产、学、研联合，推动科技进步与产业结构升级的紧密结合；允许企业提高在销售额中提取研究和开发经费的比例，优化科技资源配置，针对云南"两烟"生产中的关键技术问题，协同攻关，重点突破，整体推进，提高产业核心竞争力。建设烟草生产各环节科技创新和技术传导体系，有效整合科研资源，形成工、商、研合作的研发、交流和创新平台；加强云南、广西生物产业公共创新平台建设，有重点地建设一批国家级、省级实验室，做好行业共性技术、关键技术的研发和成果转化，支持有条件的企业设立技术研发中心，做好成果转化和产业化的科技支撑工作，并争取升级为国家级技术中心。加强创新型生物资源开发的科技支撑工作，积极引进优秀生物科技人才，加强生物科技人才培养，实施重点生物产品培育工程，打造一批重点生物产品和品牌；依靠科技创新提升西南边疆民族地区能源产业发展水平，从项目管理、补助资金、引进人才等各方面支持国内外能源企业在西南边疆民族地区能源产业发展中推广和采用新技术、新设备，建立实验室、博士后流动站、试验基地等研发平台，研发和推广适应西南边疆民族地区能源资源及环境特点，乃至引领能源发展趋势的新技术，全面提升西南边疆民族地区水电、火电、电网、煤炭、新能源开发的技术水平。引进先进水电技术，探索研究火电新技术，打造安全高效电网，创新煤炭综采技术，跟踪新能源发展趋势，加强能源产业标准体系的研究；加快推进有色金属选冶关键技术、深加工产品和技术的研发及产业化进程，力争在有色金属深加工和新材料发展上取得新突破。鼓励科技型中小企业、民营资本投资有色金属精深加工。设立专项资金，对重大深精加工项目的技术引进、消化吸收再创新，以及有色金属深加工需重点突破的产品和技术研发、产业化给予重点支持，加快形成有色金属深加工新的经济增长点；支持龙头企业培育和发展技术研发中心，扶持集群企业技术改造和新产品产业化，提升产业集群整体创新能力。加强对企业具有知识产权的核心技术的支持，实施品牌带动战略，支持和鼓励企业创建国际、国家以及省级知名产品品牌；设立产业集群技术交流平台建设专项资金，支持和鼓励龙头企业牵头，建立集群内企业联合建设集群技术交流平台，避免各自为战的浪费与集群内的同业内耗，形成良好健康的集群创新环境。

（三）大力发展循环经济

应大力发展循环经济，降低物质消耗水平和污染排放，实现资源利用的再循环，从而实现资源合理高效利用。支持和建设一批循环经济示范园区，降低经济发展带给环境的危害；把安全生产、文明生产和环境保护作为集群企业发展的先决条件，坚持"清洁生产，循环经济"的发展模式；严格执行国家的环保标准，引进和创建企业必须经过严格的环境评估，鼓励企业采用先进工艺技术与设备，带动全行业的循环经济发展，提高资源综合回收率和循环利用率；保护生物多样性，西南边疆民族地区是中国生物多样性的天然宝库和资源基地，保护生物多样性对生物产业、旅游产业的可持续发展有着重要的意义。

附录1 边疆民族地区五省（区）产业发展评价指标数据

附表1 云南产业发展绩效相关指标体系计算结果（2000年）

行业	指标1	指标2	指标3	指标4	指标5	指标6	指标7
煤炭采选业	0.78	1.83	1.16	0.97	305.20	0.99	0.18
石油和天然气开采业	0.00	−3.85	0.00	0.00	428.57	0.00	0.00
黑色金属矿采选业	1.37	1.31	0.26	1.70	609.15	1.86	0.02
有色金属矿采选业	4.46	4.07	2.11	5.53	446.20	6.16	0.22
非金属矿采选业	1.24	1.64	0.52	1.54	398.63	1.74	0.06
木材及竹材采运业	0.53	0.00	0.07	0.65	123.38	0.85	0.03
食品加工业	1.23	4.34	5.35	1.53	1245.89	1.58	0.20
食品制造业	0.21	1.39	0.35	0.26	613.05	0.27	0.03
饮料制造业	0.46	4.38	0.93	0.57	850.66	0.65	0.05
烟草加工业	20.75	47.84	35.16	25.76	12429.84	25.58	0.13
纺织业	0.10	2.95	0.63	0.13	299.42	0.13	0.10
服装及其他纤维制品制造业	0.04	0.80	0.11	0.05	339.81	0.05	0.01
皮革、毛皮、羽毛（绒）及其制品业	0.08	0.25	0.13	0.10	474.18	0.11	0.01
木材加工及竹、藤、棕、草制品业	1.01	−0.21	0.77	1.25	670.54	1.18	0.05
家具制造业	0.28	2.45	0.12	0.35	980.39	0.37	0.01
造纸及纸制品业	0.96	5.93	1.79	1.20	1263.78	1.34	0.07
印刷业记录媒介的复制	3.43	12.28	2.47	4.26	1883.15	4.22	0.06
文教体育用品制造业	0.00	−14.29	0.00	0.00	227.27	0.01	0.00
石油加工及炼焦业	0.02	1.97	0.12	0.03	608.99	0.03	0.01
化学原料及制品制造业	1.28	0.75	8.57	1.59	1010.77	1.55	0.39

续表

行业	指标1	指标2	指标3	指标4	指标5	指标6	指标7
医药制造业	1.18	10.92	2.45	1.46	1912.07	1.43	0.06
化学纤维制造业	0.28	29.56	0.40	0.34	10191.85	0.40	0.00
橡胶制品业	0.46	-1.53	0.44	0.58	598.70	0.62	0.03
塑料制品业	0.45	4.77	1.01	0.56	1527.72	0.59	0.03
非金属矿物制品业	0.96	3.65	4.12	1.19	642.75	1.23	0.30
黑色金属冶炼及压延加工业	0.92	5.78	5.09	1.14	1203.65	1.15	0.20
有色金属冶炼及压延加工业	3.62	5.45	9.20	4.49	1693.69	5.04	0.25
金属制品业	0.26	5.80	0.78	0.33	971.76	0.35	0.04
普通机械制造业	0.35	3.01	1.23	0.43	596.89	0.43	0.10
专用设备制造业	0.50	1.47	1.27	0.62	477.53	0.62	0.12
交通运输设备制造业	0.28	0.71	1.78	0.35	937.27	0.40	0.09
电气机械及器材制造业	0.25	5.38	1.43	0.31	983.83	0.34	0.07
电子及通信设备制造业	0.04	5.59	0.39	0.05	1671.38	0.06	0.01
仪器仪表文化办公用机械	0.53	2.17	0.54	0.66	792.22	0.58	0.03
电力蒸汽热水生产供应业	1.53	5.08	8.23	1.90	1099.26	1.39	0.35
煤气的生产和供应业	1.63	-0.09	0.32	2.02	1150.50	1.95	0.01
自来水的生产和供应业	1.24	3.30	0.47	1.55	784.83	1.57	0.03

注：指标1代表区位商，指标2代表资产利税率（单位:%），指标3代表该产业总产值占工业总产值的比重（单位:%），指标4代表该产业总产值占全国同一产业总产值的比重（单位:%），指标5代表劳动生产率（单位:亿元/万人），指标6代表市场占有率（单位:%），指标7代表就业贡献率（单位:%），附表2~附表6与此相同。
资料来源：《2001中国统计年鉴》《2001云南统计年鉴》。

附表2　　云南产业发展绩效相关指标体系计算结果（2021年）

行业	指标1	指标2	指标3	指标4	指标5	指标6	指标7
煤炭开采和洗选业	0.72	13.95	1.99	0.97	63203	0.85	8.75
石油和天然气开采业	0.01	5.44	0.02	0.01	122632	0.01	0.01
黑色金属矿采选业	1.71	9.06	1.27	2.36	133961	2.23	2.01

续表

行业	指标1	指标2	指标3	指标4	指标5	指标6	指标7
有色金属矿采选业	4.59	24.88	2.47	6.49	75275	6.22	10.22
非金属矿采选业	2.05	17.33	0.76	3.14	163905	3.28	1.21
农副食品加工业	0.79	9.52	3.72	0.75	83718	0.82	5.11
食品制造业	0.42	10.76	0.64	0.33	63004	0.44	1.18
饮料制造业	1.33	14.09	1.64	1.42	121849	1.16	2.68
烟草制品业	20.04	52.14	17.73	19.91	1962480	19.54	3.61
纺织业	0.05	1.19	0.21	0.05	18984	0.05	1.59
纺织服装、鞋、帽制造业	0.02	2.30	0.04	0.02	34121	0.02	0.14
皮革、毛皮、羽毛（绒）及其制品业	0.01	14.74	0.01	0.01	18643	0.01	0.02
木材加工及竹、藤、棕、草制品业	0.44	4.00	0.42	0.35	31159	0.45	1.40
家具制造业	0.02	2.90	0.01	0.04	47175	0.02	0.06
造纸及纸制品业	0.60	9.76	0.93	0.70	84233	0.57	1.77
印刷业和记录媒介的复制	2.11	20.18	1.12	2.52	141899	2.19	1.50
文教体育用品制造业	0.01	10.93	0.00	0.01	71963	0.01	0.01
石油加工、炼焦及核燃料加工业	0.55	7.71	2.45	0.76	140286	0.55	2.05
化学原料及化学制品制造业	1.36	7.66	9.10	1.19	121473	1.36	8.74
医药制造业	1.25	12.09	1.94	1.51	184635	1.10	2.27
化学纤维制造业	0.26	35.36	0.20	0.49	1183818	0.27	0.04
橡胶制品业	0.08	11.12	0.07	0.07	69114	0.08	0.12
塑料制品业	0.30	7.19	0.59	0.23	64207	0.31	0.94
非金属矿物制品业	0.74	4.99	3.05	0.71	59804	0.72	6.97
黑色金属冶炼及压延加工业	1.39	11.60	12.25	0.92	145565	1.42	6.91
有色金属冶炼及压延加工业	5.59	16.07	23.08	4.79	207992	5.62	12.57

续表

行业	指标1	指标2	指标3	指标4	指标5	指标6	指标7
金属制品业	0.16	5.36	0.47	0.12	61772	0.17	0.69
通用设备制造业	0.26	9.50	1.26	0.31	91031	0.25	2.12
专用设备制造业	0.35	3.51	1.00	0.33	68697	0.38	1.80
交通运输设备制造业	0.30	6.12	1.97	0.26	99105	0.29	2.27
电气机械及器材制造业	0.23	7.88	1.38	0.18	106789	0.23	1.21
通信设备、计算机及其他电子设备制造业	0.03	6.29	0.26	0.04	146248	0.03	0.27
仪器仪表及文化、办公用机械制造业	0.24	3.43	0.24	0.20	51725	0.31	0.56
工艺品及其他制造业	0.47	10.05	0.24	0.18	63167	0.18	0.32
废弃资源和废旧材料回收加工业	0.23	19.62	0.05	0.23	85303	0.22	0.05
电力、热力的生产和供应业	1.32	5.58	6.04	1.99	264419	1.81	8.10
燃气生产和供应业	0.54	-0.46	0.16	0.25	36189	0.82	0.26
水的生产和供应业	0.75	3.32	0.13	1.40	123154	1.40	0.51

资料来源：《2022 中国统计年鉴》《2022 云南统计年鉴》。

附表3　　广西产业发展绩效相关指标体系计算结果（2000 年）

行业	指标1	指标2	指标3	指标4	指标5	指标6	指标7
煤炭采选业	0.46	1.52	0.69	0.54	2.42	0.53	0.11
黑色金属矿采选业	2.69	9.11	0.52	3.15	7.41	3.22	0.03
有色金属矿采选业	9.48	15.75	4.49	11.11	11.79	11.49	0.15
非金属矿采选业	1.51	7.67	0.63	1.77	5.91	1.87	0.04
木材及竹材采运业	0.56	7.09	0.08	0.66	2.89	0.88	0.01
食品加工业	3.53	10.20	15.35	4.14	16.61	4.18	0.37
食品制造业	1.27	4.14	2.14	1.49	9.59	1.46	0.09

行业	指标1	指标2	指标3	指标4	指标5	指标6	指标7
饮料制造业	0.89	10.95	1.82	1.04	14.27	1.06	0.05
烟草加工业	1.23	65.14	2.08	1.44	34.62	1.44	0.02
纺织业	0.38	5.02	2.31	0.45	5.49	0.44	0.17
服装及其他纤维制品制造业	0.06	2.23	0.17	0.08	4.32	0.07	0.02
皮革、毛皮、羽毛（绒）及其制品业	0.42	−3.13	0.66	0.49	11.99	0.46	0.02
木材加工及竹、藤、棕、草制品业	1.53	7.66	1.17	1.79	12.00	1.75	0.04
家具制造业	0.18	8.62	0.08	0.21	5.57	0.21	0.01
造纸及纸制品业	1.63	4.77	3.03	1.91	11.34	1.90	0.11
印刷业记录媒介的复制	0.82	3.68	0.59	0.96	5.22	0.95	0.05
文教体育用品制造业	0.02	0.00	0.01	0.02	3.27	0.02	0.00
石油加工及炼焦业	0.29	45.54	1.50	0.34	67.95	0.33	0.01
化学原料及制品制造业	1.17	7.36	7.83	1.37	11.82	1.32	0.26
医药制造业	1.60	37.93	3.33	1.87	13.98	1.85	0.09
化学纤维制造业	0.26	−0.30	0.38	0.31	13.43	0.36	0.01
橡胶制品业	0.87	3.15	0.82	1.02	7.91	1.00	0.04
塑料制品业	0.34	4.40	0.74	0.39	8.51	0.38	0.03
非金属矿物制品业	1.52	2.59	6.54	1.78	5.59	1.89	0.46
黑色金属冶炼及压延加工业	0.75	7.91	4.14	0.88	11.00	0.89	0.15
有色金属冶炼及压延加工业	3.21	16.79	8.17	3.76	19.40	3.69	0.17
金属制品业	0.40	10.89	1.18	0.47	7.85	0.46	0.06
普通机械制造业	1.35	6.86	4.80	1.58	9.97	1.71	0.19
专用设备制造业	0.63	1.44	1.62	0.74	6.46	0.78	0.10
交通运输设备制造业	1.49	15.95	9.35	1.75	19.73	1.75	0.19
电气机械及器材制造业	0.50	7.93	2.80	0.58	10.94	0.71	0.10
电子及通信设备制造业	0.16	9.09	1.43	0.19	13.20	0.16	0.04
仪器仪表文化办公用机械	0.29	3.97	0.30	0.34	5.40	0.29	0.02

续表

行业	指标1	指标2	指标3	指标4	指标5	指标6	指标7
电力蒸汽热水生产供应业	1.27	6.31	6.85	1.49	10.87	1.36	0.25
煤气的生产和供应业	0.07	1.23	0.01	0.08	3.43	0.17	0.00
自来水的生产和供应业	1.79	2.89	0.68	2.10	5.04	2.17	0.05

资料来源：《2001 中国统计年鉴》《2001 广西统计年鉴》。

附表 4   广西产业发展绩效相关指标体系计算结果（2021 年）

行业	指标1	指标2	指标3	指标4	指标5	指标6	指标7
煤炭开采和洗选业	0.08	39.61	0.24	0.10	4.08	0.10	0.06
黑色金属矿采选业	1.19	66.54	0.88	1.43	19.33	1.26	0.04
有色金属矿采选业	3.21	40.73	1.72	3.84	23.46	3.32	0.08
非金属矿采选业	1.74	38.84	0.64	2.08	16.90	1.93	0.04
农副食品加工业	2.80	14.44	13.18	3.35	22.62	3.15	0.36
食品制造业	0.75	25.15	1.15	0.90	10.42	0.77	0.08
饮料制造业	1.70	42.57	2.09	2.03	18.41	1.84	0.09
烟草制品业	1.74	162.39	1.54	2.08	179.31	2.14	0.01
纺织业	0.30	4.27	1.25	0.35	5.49	0.31	0.16
纺织服装、鞋、帽制造业	0.11	30.80	0.21	0.13	4.21	0.13	0.03
皮革、毛皮、羽毛（绒）及其制品业	0.59	12.80	0.68	0.70	8.09	0.65	0.05
木材加工及竹、藤、棕、草制品业	2.73	28.44	2.58	3.27	11.14	2.91	0.18
家具制造业	0.19	16.82	0.11	0.22	7.90	0.19	0.01
造纸及纸制品业	1.14	8.91	1.77	1.36	12.48	1.27	0.11
印刷业和记录媒介的复制	0.99	38.53	0.52	1.18	16.10	1.04	0.03
文教体育用品制造业	0.13	22.73	0.07	0.16	9.21	0.17	0.01

续表

行业	指标 1	指标 2	指标 3	指标 4	指标 5	指标 6	指标 7
石油加工、炼焦及核燃料加工业	0.28	23.72	1.24	0.33	90.40	0.33	0.01
化学原料及化学制品制造业	0.78	13.92	5.20	0.93	15.51	0.95	0.27
医药制造业	1.04	25.57	1.62	1.25	13.63	1.33	0.11
化学纤维制造业	0.01	33.33	0.01	0.01	17.00	0.01	0.00
橡胶制品业	0.32	6.63	0.26	0.38	13.38	0.39	0.02
塑料制品业	0.33	14.01	0.64	0.39	12.04	0.40	0.05
非金属矿物制品业	1.13	30.84	4.67	1.35	9.16	1.39	0.41
黑色金属冶炼及压延加工业	1.51	15.34	13.34	1.81	38.76	1.77	0.19
有色金属冶炼及压延加工业	1.47	11.39	6.07	1.76	25.88	1.78	0.17
金属制品业	0.27	16.35	0.81	0.33	16.44	0.34	0.05
通用设备制造业	0.31	7.27	1.50	0.37	20.43	0.38	0.10
专用设备制造业	1.12	9.72	3.20	1.34	15.61	1.38	0.11
交通运输设备制造业	1.67	16.31	10.96	1.99	26.27	2.02	0.28
电气机械及器材制造业	0.33	12.99	2.00	0.40	21.96	0.41	0.08
通信设备、计算机及其他电子设备制造业	0.14	11.12	1.19	0.17	15.25	0.17	0.10
仪器仪表及文化、办公用机械制造业	0.14	16.17	0.14	0.16	9.02	0.17	0.02
工艺品及其他制造业	0.47	11.34	0.37	0.56	6.02	0.57	0.06
废弃资源和废旧材料回收加工业	0.76	117.12	0.17	0.91	146.75	0.90	0.00
电力、热力的生产和供应业	1.62	24.95	9.60	1.94	33.07	1.93	0.28
燃气生产和供应业	0.41	0.87	0.12	0.49	31.30	0.47	0.00
水的生产和供应业	1.15	7.66	0.21	1.38	6.99	1.43	0.04

资料来源：《2022 中国统计年鉴》《2022 广西统计年鉴》。

附表 5　　西藏产业发展绩效相关指标体系计算结果（2000 年）

行业	指标1	指标2	指标3	指标4	指标5	指标6	指标7
煤炭采选业	0.33	2.56	0.49	0.01	13.33	0.00	0.00
黑色金属矿采选业	42.07	5.20	8.09	0.81	7.70	1.86	0.14
有色金属矿采选业	18.40	19.85	8.70	0.35	8.28	0.16	0.14
非金属矿采选业	10.96	5.71	4.56	0.21	6.87	0.38	0.09
木材采运业	14.64	27.45	2.07	0.28	3.64	0.29	0.08
食品加工业	0.69	−0.41	2.98	0.01	5.90	0.01	0.07
食品制造业	0.14	0.00	0.24	0.00	1.48	0.00	0.02
饮料制造业	4.05	9.64	8.28	0.08	15.20	0.07	0.07
纺织业	0.07	−4.35	0.43	0.00	1.31	0.00	0.04
服装及其他纤维制品制造业	0.18	1.09	0.49	0.00	0.68	0.00	0.09
皮革、毛皮、羽毛（绒）及其制品业	0.23	2.13	0.37	0.00	3.33	0.00	0.01
木材加工及竹、藤、棕、草制品业	4.84	0.82	3.71	0.09	4.50	0.07	0.11
家具制造业	0.56	8.11	0.24	0.01	1.26	0.01	0.03
印刷业	3.30	1.85	2.37	0.06	4.16	0.05	0.08
文教体育用品制造业	0.25	0.00	0.18	0.00	1.96	0.00	0.01
化学原料及化学制品制造业	0.10	454.55	0.67	0.00	3.48	0.00	0.03
医药制造业	7.26	16.79	15.09	0.14	20.82	0.12	0.10
塑料制品业	0.19	22.22	0.43	0.00	3.98	0.01	0.01
非金属矿物制品业	4.42	6.33	19.05	0.08	6.79	0.10	0.37
黑色金属矿冶炼及压延加工业	0.01	0.00	0.06	0.00	8.33	0.00	0.00
金属制品业	0.02	0.00	0.06	0.00	0.71	0.00	0.01
普通机械制造业	0.00	0.00	0.00	0.00	0.00	0.00	0.00
专用设备制造业	0.43	2.13	1.10	0.01	4.46	0.00	0.03
交通运输设备制造业	0.31	3.33	1.95	0.01	1.38	0.01	0.19
电力、蒸汽、热水生产及供应业	2.58	1.39	13.88	0.05	4.65	0.01	0.40
水的生产和供应业	6.41	6.45	2.43	0.12	10.64	0.11	0.03

资料来源：《2001 中国统计年鉴》《2001 西藏统计年鉴》。

附表6　西藏产业发展绩效相关指标体系计算结果（2021年）

行业	指标1	指标2	指标3	指标4	指标5	指标6	指标7
黑色金属矿采选业	14.17	147.57	10.50	0.13	27.97	0.19	0.11
有色金属矿采选业	33.08	17.43	17.78	0.31	37.16	0.27	0.14
非金属矿采选业	1.41	66.67	0.52	0.01	51.02	0.01	0.00
农副食品加工业	0.70	7.87	3.30	0.01	31.49	0.01	0.03
食品制造业	0.97	6.80	1.47	0.01	27.41	0.01	0.02
饮料制造业	10.83	25.78	13.34	0.10	66.56	0.09	0.06
纺织业	0.17	150.00	0.71	0.00	30.91	0.00	0.01
纺织服装、鞋、帽制造业	0.08	37.50	0.15	0.00	4.76	0.00	0.01
皮革、毛皮、羽毛（绒）及其制品业	0.09	0.00	0.10	0.00	5.49	0.00	0.01
木材加工及竹、藤、棕、草制品业	2.59	29.07	2.45	0.02	11.85	0.02	0.06
印刷业和记录媒介的复制	3.61	2.01	1.91	0.03	8.20	0.04	0.07
化学原料及化学制品制造业	0.12	44.83	0.83	0.00	14.44	0.00	0.02
医药制造业	7.76	79.53	12.04	0.07	53.90	0.06	0.07
非金属矿物制品业	4.33	8.74	17.89	0.04	22.84	0.04	0.24
交通运输设备制造业	0.19	30.00	1.27	0.00	58.65	0.00	0.01
工艺品及其他制造业	0.80	-30.00	0.64	0.01	15.05	0.01	0.01
电力、热力的生产和供应业	2.23	-4.99	13.22	0.02	17.17	0.02	0.23
水的生产和供应业	10.73	2.36	1.93	0.10	25.00	0.07	0.02

资料来源：《2022中国统计年鉴》《2022西藏统计年鉴》。

附表7　云南工业行业对应的7个指标归并成3个因子得分（2000年）

产业	因子1	因子2	因子3
煤炭采选业	-0.1859	-0.3481	0.8302
石油和天然气开采业	-0.0340	-0.7066	-0.8813
黑色金属矿采选业	0.2664	-0.5314	-0.7873

续表

产业	因子 1	因子 2	因子 3
有色金属矿采选业	0.9997	− 0.7849	0.8782
非金属矿采选业	0.1608	− 0.5010	− 0.3959
木材及竹材采运业	0.0452	− 0.6011	− 0.6150
食品加工业	− 0.1273	0.0325	1.1274
食品制造业	− 0.1983	− 0.2816	− 0.5487
饮料制造业	− 0.2428	− 0.0207	− 0.3407
烟草加工业	5.1351	2.5657	− 0.1960
纺织业	− 0.3449	− 0.1877	0.1547
服装及其他纤维制品制造业	− 0.1959	− 0.3766	− 0.7314
皮革、毛皮、羽毛（绒）及其制品业	− 0.1931	− 0.3843	− 0.7361
木材加工及竹、藤、棕、草制品业	0.1160	− 0.5194	− 0.4469
家具制造业	− 0.2687	− 0.0897	− 0.7327
造纸及纸制品业	− 0.1656	0.1335	− 0.1712
印刷业记录媒介的复制	0.4581	0.2969	− 0.4509
文教体育用品制造业	0.3251	− 1.5212	− 0.9741
石油加工及炼焦业	− 0.2707	− 0.2093	− 0.7191
化学原料及制品制造业	− 0.1949	− 0.1838	3.0159
医药制造业	− 0.3076	0.6695	− 0.2357
化学纤维制造业	− 2.3901	4.7398	− 0.5491
橡胶制品业	− 0.0439	− 0.5043	− 0.5914
塑料制品业	− 0.3385	0.2111	− 0.5113
非金属矿物制品业	− 0.3197	− 0.0643	2.0783
黑色金属冶炼及压延加工业	− 0.3291	0.2073	1.1700
有色金属冶炼及压延加工业	0.7091	− 0.1987	1.4882
金属制品业	− 0.3913	0.1553	− 0.4235
普通机械制造业	− 0.2844	− 0.1307	0.1391

续表

产业	因子 1	因子 2	因子 3
专用设备制造业	- 0. 2284	- 0. 2923	0. 3192
交通运输设备制造业	- 0. 2566	- 0. 1902	0. 0427
电气机械及器材制造业	- 0. 4203	0. 1752	- 0. 1040
电子及通信设备制造业	- 0. 5331	0. 4028	- 0. 6697
仪器仪表文化办公用机械	- 0. 0986	- 0. 2681	- 0. 5674
电力、蒸汽、热水生产供应业	- 0. 2710	0. 1302	2. 6637
煤气的生产和供应业	0. 3256	- 0. 5176	- 0. 8910
自来水的生产和供应业	0. 0937	- 0. 3063	- 0. 6372

附表 8   云南工业行业对应的 7 个指标归并成 3 个因子得分（2021 年）

产业	因子 1	因子 2	因子 3
煤炭开采和洗涤业	- 0. 1365	1. 9071	0. 7393
石油和天然气开采业	- 0. 5016	- 1. 0303	1. 6618
黑色金属矿采选业	- 0. 1130	- 0. 2823	2. 5497
有色金属矿采选业	0. 9032	2. 3943	1. 0622
非金属矿采选业	0. 2654	- 0. 3282	0. 6443
农副食品加工业	- 0. 1673	0. 4979	0. 2847
食品制造业	- 0. 3294	0. 1355	0. 2016
饮料制造业	- 0. 0305	0. 0531	0. 5589
烟草制品业	5. 6667	- 0. 4985	- 0. 5664
纺织业	- 0. 6298	2. 5945	- 1. 5422
纺织服装、鞋、帽制造业	- 0. 4481	- 1. 0693	- 0. 5206
皮革、毛皮、羽毛（绒）及其制品业	- 0. 3491	0. 5918	- 0. 7515
木材加工及竹、藤、棕、草制品业	- 0. 3750	- 0. 8072	- 0. 4233
家具制造业	- 0. 3261	- 0. 2119	- 3. 3019

续表

产业	因子1	因子2	因子3
造纸及纸制品业	− 0.2355	− 0.7437	− 0.4130
印刷业和记录媒介的复制	0.0613	1.1480	− 0.8690
文教体育用品制造业	− 0.3649	− 0.0236	− 0.3720
石油加工、炼焦及核燃料加工业	− 0.2289	− 0.0417	− 0.3446
化学原料及化学制品制造业	− 0.1445	0.6081	0.1409
医药制造业	0.0666	− 0.1876	− 0.3090
化学纤维制造业	0.6912	− 1.7402	− 0.3581
橡胶制品业	− 0.2788	− 1.0881	− 0.5436
塑料制品业	− 0.4109	− 0.7797	2.2301
非金属矿物制品业	− 0.2891	0.2478	0.0129
黑色金属冶炼及压延加工业	0.0985	0.6163	0.5164
有色金属冶炼及压延加工业	0.6127	1.9254	0.8972
金属制品业	− 0.3856	− 0.9793	0.3961
通用设备制造业	− 0.3111	0.2006	− 0.6864
专用设备制造业	− 0.3907	0.1717	− 0.4923
交通运输设备制造业	− 0.2871	0.3190	− 0.3295
电气机械及器材制造业	− 0.2863	− 0.8858	− 0.4612
通信设备、计算机及其他电子设备制造业	− 0.1826	− 0.8290	0.1440
仪器仪表及文化、办公用机械制造业	− 0.3871	− 0.9894	− 0.4977
工艺品及其他制造业	0.2683	− 0.9676	0.7302
废弃资源和废旧材料回收加工业	− 0.1685	− 0.2345	− 0.5138
电力、热力的生产和供应业	− 0.1255	0.9420	0.6461
燃气生产和供应业	− 0.4406	− 0.1864	− 0.3320
水的生产和供应业	− 0.3101	− 0.4487	0.2120

附表9　广西工业行业对应的7个指标归并成3个因子得分（2000年）

产业	因子1	因子2	因子3
煤炭采选业	− 0.4171	− 0.1513	− 0.7696
黑色金属矿采选业	1.0855	− 0.9289	− 0.2688
有色金属矿采选业	5.2135	− 0.5959	− 0.0476
非金属矿采选业	0.3337	− 0.6973	− 0.3591
木材及竹材采运业	− 0.1854	− 0.8305	− 0.4815
食品加工业	0.8063	3.1931	0.2313
食品制造业	0.0407	− 0.1223	− 0.3200
饮料制造业	− 0.1633	− 0.3491	0.1966
烟草加工业	0.0051	− 0.6534	3.2696
纺织业	− 0.5888	0.4392	− 0.4965
服装及其他纤维制品制造业	− 0.5680	− 0.6618	− 0.5895
皮革、毛皮、羽毛（绒）及其制品业	− 0.4067	− 0.5845	− 0.4437
木材加工及竹、藤、棕、草制品业	0.2718	− 0.5871	− 0.0645
家具制造业	− 0.4823	− 0.7662	− 0.2814
造纸及纸制品业	0.2184	0.0819	− 0.2228
印刷业记录媒介的复制	− 0.1351	− 0.5383	− 0.5291
文教体育用品制造业	− 0.5665	− 0.7841	− 0.7135
石油加工及炼焦业	− 0.7708	− 0.4856	4.0860
化学原料及制品制造业	− 0.3720	1.7156	− 0.0912
医药制造业	0.2210	− 0.0905	1.2128
化学纤维制造业	− 0.4792	− 0.6713	− 0.2606
橡胶制品业	− 0.1153	− 0.5508	− 0.4150
塑料制品业	− 0.4438	− 0.5476	− 0.3149
非金属矿物制品业	− 0.2708	2.5289	− 0.7398
黑色金属冶炼及压延加工业	− 0.4064	0.5813	− 0.0916
有色金属冶炼及压延加工业	0.9769	0.9973	0.6260

续表

产业	因子1	因子2	因子3
金属制品业	− 0.4372	− 0.3514	− 0.1066
普通机械制造业	− 0.0596	0.8166	− 0.2165
专用设备制造业	− 0.3362	− 0.0675	− 0.5664
交通运输设备制造业	− 0.1597	1.5300	0.6764
电气机械及器材制造业	− 0.4569	0.1267	− 0.0785
电子及通信设备制造业	− 0.6097	− 0.3608	0.0991
仪器仪表文化办公用机械	− 0.4402	− 0.6730	− 0.4762
电力、蒸汽、热水生产供应业	− 0.2803	1.4948	− 0.1911
煤气的生产和供应业	− 0.5180	− 0.7988	− 0.6609
自来水的生产和供应业	0.4964	− 0.6573	− 0.6010

附表 10　广西工业行业对应的 7 个指标归并成 3 个因子得分（2021 年）

产业	因子1	因子2	因子3
煤炭开采和洗选业	− 0.9499	− 0.3485	− 0.0661
黑色金属矿采选业	0.5471	− 0.8301	0.4230
有色金属矿采选业	3.1997	− 1.2290	− 0.2805
非金属矿采选业	1.3624	− 1.0949	− 0.1834
农副食品加工业	1.8087	2.2035	− 0.3230
食品制造业	− 0.1277	− 0.3485	− 0.2897
饮料制造业	1.1146	− 0.5079	− 0.0398
烟草制品业	0.6565	− 0.2294	4.4387
纺织业	− 0.8640	0.3059	− 0.6215
纺织服装、鞋、帽制造业	− 0.8520	− 0.5585	− 0.2018
皮革、毛皮、羽毛（绒）及其制品业	− 0.2513	− 0.5523	− 0.5352
木材加工及竹、藤、棕、草制品业	2.4551	− 0.4372	− 0.5834

续表

产业	因子1	因子2	因子3
家具制造业	- 0.7437	- 0.6895	- 0.3925
造纸及纸制品业	0.3460	- 0.2017	- 0.5695
印刷业和记录媒介的复制	0.3007	- 0.8467	- 0.0644
文教体育用品制造业	- 0.8096	- 0.6680	- 0.2527
石油加工、炼焦及核燃料加工业	- 0.9976	- 0.1916	1.0309
化学原料及化学制品制造业	- 0.5952	1.5895	- 0.2336
医药制造业	0.2795	- 0.1752	- 0.2971
化学纤维制造业	- 1.0052	- 0.6554	0.0337
橡胶制品业	- 0.5886	- 0.6023	- 0.4824
塑料制品业	- 0.6382	- 0.3838	- 0.3695
非金属矿物制品业	- 0.2170	2.0441	- 0.1687
黑色金属冶炼及压延加工业	0.2289	1.7363	0.1886
有色金属冶炼及压延加工业	0.5081	0.7982	- 0.2371
金属制品业	- 0.7393	- 0.3004	- 0.2429
通用设备制造业	- 0.8911	0.3438	- 0.2782
专用设备制造业	0.3429	- 0.1004	- 0.4980
交通运输设备制造业	0.4104	2.0726	- 0.0284
电气机械及器材制造业	- 0.8030	0.1436	- 0.1720
通信设备、计算机及其他电子设备制造业	- 1.0600	0.2284	- 0.3111
仪器仪表及文化、办公用机械制造业	- 0.8359	- 0.5642	- 0.3768
工艺品及其他制造业	- 0.4134	- 0.4580	- 0.5708
废弃资源和废旧材料回收加工业	- 0.4919	- 0.4355	3.2857
电力、热力的生产和供应业	0.1624	2.5685	0.3145
燃气生产和供应业	- 0.5020	- 0.7005	- 0.3036
水的生产和供应业	0.6534	- 0.9252	- 0.7418

附表 11　西藏工业行业对应的 7 个指标归并成 3 个因子得分（2000 年）

产业	因子 1	因子 2	因子 3
煤炭采选业	-0.3319	-0.1591	0.1131
黑色金属矿采选业	4.4398	0.0505	-0.0955
有色金属矿采选业	0.9378	0.7754	0.0513
非金属矿采选业	0.7066	0.0616	-0.1369
木材采运业	0.9513	-0.3978	-0.0029
食品加工业	-0.4021	-0.0668	-0.2439
食品制造业	-0.3527	-0.8001	-0.3584
饮料制造业	-0.1703	0.9595	0.2257
纺织业	-0.3787	-0.7086	-0.4320
服装及其他纤维制品制造业	-0.4255	-0.5219	-0.4435
皮革、毛皮、羽毛（绒）及其制品业	-0.3443	-0.7197	-0.2584
木材加工及竹、藤、棕、草制品业	-0.0749	0.0483	-0.3094
家具制造业	-0.3163	-0.7706	-0.2852
印刷业	-0.1618	-0.2126	-0.2882
文教体育用品制造业	-0.3382	-0.8207	-0.3315
化学原料及化学制品制造业	-0.3444	-0.2944	4.7542
医药制造业	-0.0196	2.0438	0.5077
塑料制品业	-0.3368	-0.6645	-0.0119
非金属矿物制品业	-0.5760	2.7702	-0.3666
黑色金属矿冶炼及压延加工业	-0.3480	-0.4961	-0.0957
金属制品业	-0.3428	-0.9057	-0.3766
普通机械制造业	-0.3309	-0.9965	-0.3922
专用设备制造业	-0.3503	-0.4991	-0.2346
交通运输设备制造业	-0.5166	0.0864	-0.4871
电力、蒸汽、热水生产及供应业	-0.7469	2.3100	-0.5507
自来水的生产和供应业	0.1734	-0.0715	0.0491

附表12　西藏工业行业对应的7个指标归并成3个因子得分（2021年）

产业	因子1	因子2	因子3
黑色金属矿采选业	1.1308	0.2734	1.3035
有色金属矿采选业	3.3771	0.4380	− 0.3906
非金属矿采选业	− 0.4877	− 0.6919	1.2138
农副食品加工业	− 0.4312	− 0.2341	− 0.1730
食品制造业	− 0.3400	− 0.5046	− 0.3453
饮料制造业	0.4921	0.5141	1.1709
纺织业	− 0.7466	− 0.6488	1.6366
纺织服装、鞋、帽制造业	− 0.3989	− 0.7700	− 0.6769
皮革、毛皮、羽毛（绒）及其制品业	− 0.3282	− 0.7505	− 1.1456
木材加工及竹、藤、棕、草制品业	− 0.2694	− 0.2024	− 0.6170
印刷业和记录媒介的复制	− 0.0066	− 0.2309	− 1.1153
化学原料及化学制品制造业	− 0.4946	− 0.5864	− 0.2520
医药制造业	− 0.0100	0.5734	1.5001
非金属矿物制品业	− 0.6751	2.6112	− 0.4074
交通运输设备制造业	− 0.6468	− 0.4444	1.0004
工艺品及其他制造业	− 0.1900	− 0.6950	− 1.2247
电力、热力的生产和供应业	− 0.8484	2.2442	− 0.8081
水的生产和供应业	0.8736	− 0.8953	− 0.6693

附表13　　2000～2021年云南产业结构升级相关数据

年份	GDP（亿元）	第一产业（亿元）	第二产业（亿元）	第三产业（亿元）	总面积（万平方千米）	人口数量（万人）	美元兑人民币汇率
2000	2011.19	492.36	843.24	675.59	39.41	4240.68	8.28
2001	2138.31	514.14	881.49	742.68	39.41	4287.21	8.28
2002	2312.82	551.00	951.48	810.34	39.41	4333.78	8.28
2003	2556.02	593.57	1069.29	893.16	39.41	4375.67	8.28
2004	3081.91	726.76	1314.19	1040.96	39.41	4415.34	8.28

续表

年份	GDP（亿元）	第一产业（亿元）	第二产业（亿元）	第三产业（亿元）	总面积（万平方千米）	人口数量（万人）	美元兑人民币汇率
2005	3462.73	659.65	1432.76	1370.32	39.41	4450.41	8.19
2006	3988.14	731.23	1712.60	1544.31	39.41	4483.05	7.97
2007	4772.52	868.56	2051.08	1852.88	39.41	4514.13	7.60
2008	5692.12	1012.96	2451.09	2228.07	39.41	4543.08	6.95
2009	6169.75	1067.60	2582.53	2519.62	39.41	4571.04	6.83
2010	7224.18	1108.38	3223.49	2892.31	39.41	4601.62	6.77
2011	8893.12	1411.01	3780.32	3701.79	39.41	4620.04	6.46
2012	10309.47	1654.55	4419.20	4235.72	39.41	4631.87	6.31
2013	11832.31	2006.74	4927.82	4897.75	39.41	4641.67	6.19
2014	12814.59	1990.07	5281.82	5542.70	39.41	4653.65	6.22
2015	13619.17	2055.78	5416.12	6147.27	39.41	4663.77	6.39
2016	14719.95	2126.64	5690.16	6903.15	39.41	4677.53	6.64
2017	16376.34	2338.37	6204.97	7833.00	39.41	4693.88	6.61
2018	17881.12	2498.86	6957.44	8424.82	39.41	4703.76	6.89
2019	23223.75	3037.62	7961.58	12224.55	39.41	4714.65	6.99
2020	24521.91	3598.91	8287.54	12635.46	39.41	4722.21	6.45
2021	27143.56	3866.97	9589.37	13687.22	39.41	4690.65	6.37

注：美元兑人民币汇率采用年底汇率数据。

资料来源：2001～2022 年《中国统计年鉴》、2001～2022 年《云南统计年鉴》。

附表 14　　　　　2000～2021 年广西产业结构升级相关数据

年份	GDP（亿元）	第一产业（亿元）	第二产业（亿元）	第三产业（亿元）	总面积（万平方千米）	人口数量（万人）	美元兑人民币汇率
2000	2080.04	568.59	748.00	763.45	23.76	4489.45	8.28
2001	2279.34	610.67	791.85	876.82	23.76	4788.23	8.28

续表

年份	GDP（亿元）	第一产业（亿元）	第二产业（亿元）	第三产业（亿元）	总面积（万平方千米）	人口数量（万人）	美元兑人民币汇率
2002	2523.73	664.05	863.96	995.72	23.76	4822.21	8.28
2003	2821.11	738.26	1007.96	1074.89	23.76	4857.61	8.28
2004	3433.50	924.78	1288.26	1220.46	23.76	4889.88	8.28
2005	3984.10	820.85	1510.68	1652.57	23.76	4660.85	8.19
2006	4746.16	950.13	1878.56	1917.47	23.76	4719.31	7.97
2007	5835.33	1121.04	2425.29	2289.00	23.76	4768.22	7.60
2008	7038.88	1321.20	3037.74	2679.94	23.76	4816.34	6.95
2009	7784.98	1484.31	3381.54	2919.13	23.76	4856.12	6.83
2010	9604.01	1709.22	4511.68	3383.11	23.76	4610.17	6.77
2011	11764.97	2091.32	5675.32	3998.33	23.76	4645.34	6.46
2012	13090.04	2227.31	6247.43	4615.30	23.76	4682.55	6.31
2013	14511.70	2477.27	6863.04	5171.39	23.76	4719.66	6.19
2014	15742.62	2483.17	7324.96	5934.49	23.76	4754.68	6.22
2015	16870.04	2632.37	7717.52	6520.15	23.76	4796.88	6.39
2016	18317.64	2796.80	8273.66	7247.18	23.76	4838..34	6.64
2017	20396.25	4751.29	7450.85	8194.11	23.76	4885..87	6.61
2018	20352.51	3019.37	8072.94	9260.20	23.76	4919..23	6.89
2019	21237.41	3388.01	7077.43	10771.97	23.76	4982.28	6.99
2020	22156.69	3555.82	7108.49	11492.38	23.76	5019.54	6.45
2021	24740.86	4015.51	8187.90	12537.45	23.76	5037.45	6.37

注：美元兑人民币汇率采用年底汇率数据。

资料来源：2001~2022年《中国统计年鉴》、2001~2022年《广西统计年鉴》。

附表15　　　　　　2000～2021年西藏产业结构升级相关数据

年份	GDP（亿元）	第一产业（亿元）	第二产业（亿元）	第三产业（亿元）	总面积（万平方千米）	人口数量（万人）	美元兑人民币汇率
2000	117.80	36.66	27.21	53.93	122.84	259.83	8.28
2001	139.16	37.80	32.18	69.18	122.84	263.55	8.28
2002	162.04	40.30	32.93	88.81	122.84	268.24	8.28
2003	185.09	41.21	47.99	95.89	122.84	272.16	8.28
2004	220.34	52.13	57.61	110.60	122.84	276.35	8.28
2005	248.80	45.63	63.52	139.65	122.84	280.31	8.19
2006	290.76	50.65	80.10	160.01	122.84	285.08	7.97
2007	341.43	54.13	98.48	188.82	122.84	288.83	7.60
2008	394.85	59.45	115.76	219.64	122.84	292.33	6.95
2009	441.36	63.88	136.63	240.85	122.84	295.84	6.83
2010	507.46	68.72	163.92	274.82	122.84	300.22	6.77
2011	605.83	74.47	208.79	322.57	122.84	303.30	6.46
2012	701.03	80.38	242.85	377.80	122.84	307.62	6.31
2013	815.67	94.82	292.92	427.93	122.84	312.04	6.19
2014	920.83	91.64	336.84	492.35	122.84	317.55	6.22
2015	1026.39	98.04	376.19	552.16	122.84	323.97	6.39
2016	1150.07	114.44	429.17	606.46	122.84	330.54	6.64
2017	1310.92	122.72	513.65	674.55	122.84	337.15	6.61
2018	1477.63	130.25	628.37	719.01	122.84	343.05	6.89
2019	1697.82	138.19	635.62	924.01	122.84	350.32	6.99
2020	1902.74	150.65	798.25	953.84	122.84	356.74	6.45
2021	2080.17	164.12	757.28	1158.77	122.84	366.81	6.37

注：美元兑人民币汇率采用年底汇率数据。

资料来源：2001～2022年《中国统计年鉴》、2001～2022年《西藏统计年鉴》。

附表 16　　　　2000～2021 年新疆产业结构升级相关数据

年份	GDP（亿元）	第一产业（亿元）	第二产业（亿元）	第三产业（亿元）	总面积（万平方千米）	人口数量（万人）	美元兑人民币汇率
2000	1363.56	287.38	586.84	489.34	166.49	1849.41	8.28
2001	1491.60	294.24	630.37	566.99	166.49	1876.19	8.28
2002	1612.65	319.27	672.10	621.28	166.49	1905.19	8.28
2003	1886.35	421.64	796.84	667.87	166.49	1933.95	8.28
2004	2209.09	453.14	1010.57	745.38	166.49	1963.11	8.28
2005	2604.14	509.94	1164.79	929.41	166.49	2010.35	8.19
2006	3045.26	527.80	1459.30	1058.16	166.49	2050.00	7.97
2007	3517.55	623.11	1647.55	1246.89	166.49	2095.19	7.60
2008	4171.58	659.27	2086.74	1425.57	166.49	2130.81	6.95
2009	4257.60	740.29	1929.59	1587.72	166.49	2158.63	6.83
2010	5397.27	1038.43	2592.15	1766.69	166.49	2181.58	6.77
2011	6577.41	1106.39	3225.90	2245.12	166.49	2208.71	6.46
2012	7457.64	1272.90	3481.56	2703.18	166.49	2232.78	6.31
2013	8380.25	1488.30	3765.97	3125.98	166.49	2264.30	6.19
2014	9195.96	1461.10	3948.96	3785.90	166.49	2298.47	6.22
2015	9235.57	1469.85	3596.40	4169.32	166.49	2359.73	6.39
2016	9511.93	1511.20	3647.01	4353.72	166.49	2398.08	6.64
2017	10881.96	1551.84	4330.89	4999.23	166.49	2444.67	6.61
2018	12199.08	1692.09	4922.97	5584.02	166.49	2488.34	6.89
2019	13597.11	1781.75	4795.50	7019.86	166.49	2519.67	6.99
2020	13797.58	1981.28	4744.45	7071.85	166.49	2549.87	6.45
2021	15983.65	2356.06	5967.36	7660.23	166.49	2589.14	6.37

注：美元兑人民币汇率采用年底汇率数据。

资料来源：2001～2022 年《中国统计年鉴》、2001～2022 年《新疆统计年鉴》。

附表17　　　　2000～2021年内蒙古产业结构升级相关数据

年份	GDP（亿元）	第一产业（亿元）	第二产业（亿元）	第三产业（亿元）	总面积（万平方千米）	人口数量（万人）	美元兑人民币汇率
2000	1401.01	350.75	556.28	493.98	118.31	2372.65	8.28
2001	1545.79	358.89	626.47	560.43	118.31	2381.54	8.28
2002	1940.94	581.32	728.34	631.28	118.31	2384.23	8.28
2003	2388.38	658.06	973.94	756.38	118.31	2386.43	8.28
2004	3041.07	835.07	1332.47	873.53	118.31	2393.87	8.28
2005	3895.55	589.56	1773.21	1532.78	118.31	2403.65	8.19
2006	4791.48	649.62	2327.44	1814.42	118.31	2415.44	7.97
2007	6423.18	1094.16	3154.56	2174.46	118.31	2429.21	7.60
2008	8496.20	1641.38	4271.03	2583.79	118.31	2444.23	6.95
2009	9740.25	929.60	5114.00	3696.65	118.31	2458.45	6.83
2010	11672.00	1095.29	6367.69	4209.02	118.31	2472.21	6.77
2011	14359.88	1306.30	8037.69	5015.89	118.31	2470.65	6.46
2012	15880.58	1448.58	8801.50	5630.50	118.31	2464.24	6.31
2013	16916.50	1683.53	9084.19	6148.78	118.31	2455.34	6.19
2014	17770.79	1628.45	9119.79	7022.55	118.31	2449.91	6.22
2015	17831.51	1617.42	9000.58	7213.51	118.31	2440.55	6.39
2016	18128.10	1637.39	8553.63	7937.08	118.31	2436.54	6.64
2017	16096.21	1649.77	6399.68	8046.76	118.31	2433.12	6.61
2018	16889.22	1653.82	6807.30	8428.10	118.31	2422.23	6.89
2019	17212.53	1863.19	6818.88	8530.46	118.31	2415.34	6.99
2020	17359.82	2025.13	6868.03	8466.66	118.31	2402.84	6.45
2021	20514.21	2225.12	9374.22	8914.87	118.31	2400.06	6.37

注：美元兑人民币汇率采用年底汇率数据。

资料来源：2001～2022年《中国统计年鉴》、2001～2022年《内蒙古统计年鉴》。

附表18 2000～2021年云南产业结构升级比值化以后相关数据

年份	第三产业增加值占GDP比重（%）	产业结构升级指数（%）	国际贸易额占GDP比重（%）	专利授权数占总人口的比重（件/千万人）	人均GDP（千元/人）
2000	33.59	80.12	7.46	2.87	4.77
2001	34.73	84.25	7.70	3.14	5.02
2002	35.04	85.17	7.97	2.60	5.37
2003	34.94	83.53	8.67	2.77	5.87
2004	33.78	79.21	10.07	2.75	7.01
2005	39.57	95.64	11.21	3.10	7.81
2006	38.72	90.17	12.46	3.65	8.93
2007	38.82	90.34	13.99	4.74	10.61
2008	39.14	90.90	11.71	4.45	12.57
2009	40.84	97.56	8.88	6.40	13.54
2010	40.04	89.73	12.53	8.31	15.75
2011	41.63	97.92	11.66	9.07	19.27
2012	41.09	95.85	12.89	12.56	22.20
2013	41.39	99.39	13.52	14.52	25.32
2014	43.25	104.94	14.36	17.23	27.26
2015	45.14	113.50	11.48	24.59	29.02
2016	46.91	121.32	8.98	25.22	31.27
2017	47.83	126.24	9.44	29.64	34.22
2018	47.12	128.09	9.87	30.13	36.23
2019	52.64	135.54	9.91	30.43	38.34
2020	51.53	146.46	10.11	30.55	40.54
2021	50.43	149.78	10.32	31.43	42.13

注：（1）用第三产业增加值占GDP比重除以第二产业增加值占GDP比重代表产业结构升级指数；（2）用人均GDP代表需求因素；（3）用专利授权数占总人口的比重代表创新因素；（4）用国际贸易额（用进出口贸易额表示）占GDP比重代表外部因素；（5）附表19～附表22与此相同。

资料来源：各指标数据来源于2001～2022年《云南统计年鉴》、2001～2022年《广西统计年鉴》、2001～2022年《西藏统计年鉴》、2001～2022年《新疆统计年鉴》、2001～2022年《内蒙古统计年鉴》、2001～2022年《中国统计年鉴》，数据经过整理后得出。附表19～附表22与此相同。

附表19　　　2000～2021年广西产业结构升级比值化以后相关数据

年份	第三产业增加值占GDP比重（%）	产业结构升级指数（%）	国际贸易额占GDP比重（%）	专利授权数占总人口的比重（件/千万人）	人均GDP（千元/人）
2000	36.70	102.07	8.11	2.65	4.65
2001	38.47	110.73	6.53	2.30	5.06
2002	39.45	115.25	7.97	2.19	5.56
2003	38.10	106.64	9.36	2.74	6.17
2004	35.55	94.74	10.34	2.60	7.46
2005	41.48	109.39	10.66	2.63	8.59
2006	40.40	102.07	11.21	3.06	10.12
2007	39.23	94.38	12.09	4.00	12.30
2008	38.07	88.22	13.07	4.63	14.69
2009	37.50	86.33	12.47	5.56	16.10
2010	35.23	74.99	12.48	7.91	20.29
2011	33.99	70.45	12.81	9.48	25.42
2012	35.26	73.88	14.21	12.60	28.07
2013	35.64	75.35	14.01	16.71	30.87
2014	37.70	81.02	16.01	20.33	33.24
2015	38.65	84.49	19.41	28.30	35.33
2016	39.56	87.59	17.37	30.71	38.03
2017	40.17	109.98	18.53	31.26	41.96
2018	45.50	114.71	18.85	31.89	42.35
2019	50.72	152.20	18.98	31.99	42.68
2020	51.87	161.67	19.07	32.02	43.32
2021	50.68	170.11	19.28	32.29	43.79

附表20　　2000～2021年西藏产业结构升级比值化以后相关数据

年份	第三产业增加值占GDP比重（%）	产业结构升级指数（%）	国际贸易额占GDP比重（%）	专利授权数占总人口的比重（件/千万人）	人均GDP（千元/人）
2000	45.78	198.20	9.16	0.65	4.57
2001	49.71	214.98	5.64	0.46	5.32
2002	54.81	269.69	6.66	0.26	6.09
2003	51.81	199.81	7.21	0.59	6.85
2004	50.20	191.98	8.40	0.83	8.03
2005	56.13	219.85	6.76	1.57	8.94
2006	55.03	199.76	9.00	2.84	10.29
2007	55.30	191.73	8.76	2.35	11.90
2008	55.63	189.74	13.46	3.18	13.59
2009	54.57	176.28	6.22	9.87	15.01
2010	54.16	167.65	11.15	4.13	17.03
2011	53.24	154.49	14.48	4.68	20.08
2012	53.89	155.57	30.83	4.32	22.94
2013	52.46	146.09	25.20	3.88	26.33
2014	53.47	146.17	15.22	4.60	29.25
2015	53.80	146.78	5.65	6.11	32.00
2016	52.73	141.31	4.49	7.41	35.14
2017	51.46	131.32	4.36	12.46	39.27
2018	48.66	114.42	4.76	12.56	41.56
2019	54.42	135.37	4.89	12.76	42.77
2020	50.13	125.49	4.97	12.89	43.01
2021	55.71	135.44	5.05	12.98	43.90

附表 21   2000～2021 年新疆产业结构升级比值化以后相关数据

年份	第三产业增加值占 GDP 比重（%）	产业结构升级指数（%）	国际贸易额占 GDP 比重（%）	专利授权数占总人口的比重（件/千万人）	人均 GDP（千元/人）
2000	35.89	78.92	13.75	3.88	7.37
2001	38.01	80.27	9.83	4.25	7.95
2002	38.53	80.20	13.82	4.36	8.46
2003	35.41	77.65	20.94	4.53	9.83
2004	33.74	79.49	21.12	4.56	11.34
2005	35.69	80.42	24.98	4.58	13.11
2006	34.75	82.67	23.83	5.79	15.00
2007	35.45	82.29	29.65	7.32	16.97
2008	34.17	84.20	36.99	7.01	19.74
2009	37.29	82.61	22.19	8.65	19.85
2010	32.73	80.76	21.48	11.74	24.87
2011	34.13	83.18	22.41	11.96	29.96
2012	36.25	82.93	21.31	15.41	33.58
2013	37.30	82.24	20.37	22.07	37.27
2014	41.17	84.11	18.70	23.18	40.31
2015	45.14	84.08	13.61	37.13	39.65
2016	45.77	84.11	12.54	29.67	39.98
2017	45.94	85.74	12.54	33.11	44.94
2018	45.77	86.13	13.12	34.22	45.34
2019	51.63	86.90	13.38	34.76	46.76
2020	51.25	85.64	13.75	35.11	47.57
2021	47.93	85.26	13.89	35.87	47.99

附表 22　　　2000～2021 年内蒙古产业结构升级比值化以后相关数据

年份	第三产业增加值占 GDP 比重（%）	产业结构升级指数（%）	国际贸易额占 GDP 比重（%）	专利授权数占总人口的比重（件/千万人）	人均 GDP（千元/人）
2000	35.26	74.96	15.49	5.53	5.87
2001	36.26	76.78	10.89	4.81	6.46
2002	32.52	70.05	10.38	4.07	7.35
2003	31.67	72.45	9.80	3.42	8.98
2004	28.72	72.54	10.13	2.73	11.31
2005	39.35	84.87	10.25	2.17	16.33
2006	37.87	86.44	9.92	2.04	20.05
2007	33.85	82.97	9.16	2.04	25.39
2008	30.41	80.68	7.29	1.56	32.21
2009	37.95	90.46	4.75	1.53	40.28
2010	36.06	90.62	5.06	1.80	47.35
2011	34.93	90.90	5.37	1.58	57.97
2012	35.46	90.88	4.48	1.94	63.89
2013	36.35	90.05	4.39	2.27	67.84
2014	39.52	90.84	5.10	2.27	71.05
2015	40.45	90.93	4.56	3.10	71.10
2016	43.78	90.97	4.27	3.23	72.06
2017	49.99	89.75	5.70	3.90	63.76
2018	49.90	90.21	5.93	3.95	69.34
2019	49.56	89.18	6.13	4.07	69.99
2020	48.77	88.33	6.54	4.18	70.23
2021	43.46	89.15	6.89	4.29	72.54

附表 23　　　　　　　　　　　　空间权重矩阵 1

西南三省份	1	2	3
1	1	1	1
2	1	1	0
3	1	0	1

注：1 代表云南；2 代表广西；3 代表西藏。

附表 24　　　　　　　　　　　　空间权重矩阵 2

边疆五省份	1	2	3	4	5
1	1	1	1	0	0
2	1	1	0	0	0
3	1	0	1	1	0
4	0	0	1	1	0
5	0	0	0	0	1

注：1 代表云南；2 代表广西；3 代表西藏；4 代表新疆；5 代表内蒙古。

附表 25　　中国 1978 ~ 2021 年 GDP 价格缩减指数及其相关数据

年份	GDP（现价，亿元）	GDP 指数（1978 年基期）	GDP（1978 年基期，亿元）	GDP 缩减指数（1978 年基期）	GDP 缩减指数（2000 年基期）
1978	3645.2	100.0	3645.200	1.000000	——
1979	4062.6	107.6	3922.235	1.035787	——
1980	4545.6	116.0	4228.432	1.075008	——
1981	4891.6	122.1	4450.789	1.099041	——
1982	5323.4	133.1	4851.761	1.097210	——
1983	5962.7	147.6	5380.315	1.108244	——
1984	7208.1	170.0	6196.840	1.163190	——
1985	9016.0	192.9	7031.591	1.282213	——

续表

年份	GDP（现价，亿元）	GDP 指数（1978 年基期）	GDP（1978 年基期，亿元）	GDP 缩减指数（1978 年基期）	GDP 缩减指数（2000 年基期）
1986	10275.2	210.0	7654.920	1.342300	—
1987	12058.6	234.3	8540.704	1.411898	—
1988	15042.8	260.7	9503.036	1.582947	—
1989	16992.3	271.3	9889.428	1.718229	—
1990	18667.8	281.7	10268.530	1.817963	—
1991	21781.5	307.6	11212.640	1.942585	—
1992	26923.5	351.4	12809.230	2.101882	—
1993	35333.9	400.4	14595.380	2.420896	—
1994	48197.9	452.8	16505.470	2.920118	—
1995	60793.7	502.3	18309.840	3.320275	—
1996	71176.6	552.6	20143.380	3.533499	—
1997	78973.0	603.9	22013.360	3.587503	—
1998	84402.3	651.2	23737.540	3.555646	—
1999	89677.1	700.9	25549.210	3.509976	—
2000	99214.6	759.9	27699.870	3.581771	1.000000
2001	109655.2	823.0	30000.000	3.655174	1.020493
2002	120332.7	897.8	32726.610	3.676907	1.026561
2003	135822.8	987.8	36007.290	3.772092	1.053136
2004	159878.3	1087.4	39637.900	4.03347	1.126111
2005	184937.4	1210.4	44121.500	4.191548	1.170245
2006	216314.4	1363.8	49713.240	4.351243	1.21483
2007	265810.3	1557.0	56755.760	4.683407	1.307567
2008	314045.4	1707.0	62223.560	5.04705	1.409093
2009	340506.9	1862.5	67891.850	5.015431	1.400266
2010	401202.0	2058.9	75051.020	5.345723	1.492480

续表

年份	GDP（现价，亿元）	GDP 指数（1978 年基期）	GDP（1978 年基期，亿元）	GDP 缩减指数（1978 年基期）	GDP 缩减指数（2000 年基期）
2011	473104.5	2250.6	82038.870	5.766833	1.610051
2012	518952.1	2422.7	88312.260	5.876331	1.640622
2013	568845.5	2609.2	95110.560	5.980908	1.669819
2014	636138.7	2823.2	102911.300	6.181427	1.725802
2015	676721.5	3025.4	110281.900	6.136288	1.713199
2016	743585.5	3230.6	117761.800	6.314318	1.762904
2017	830945.7	3468.8	126444.700	6.571614	1.834739
2018	915243.5	3703.0	134981.800	6.780496	1.893057
2019	983751.2	3923.3	143012.100	6.878797	1.920502
2020	1015986.2	4015.4	146369.400	6.941247	1.937937
2021	1143753.6	4201.4	153149.400	7.468221	2.085064

注：（1）GDP 指数（1978 年基期）和 GDP（现价）数据来源于《2022 中国统计年鉴》。

（2）现价 GDP 和 1978 年基期 GDP 的单位均为亿元。

（3）GDP（1978 年基期）＝GDP 现价/GDP 指数（1978 年基期）。

（4）GDP 缩减指数（1978 年基期）＝GDP（1978 年基期)/3645.200。

（5）GDP 缩减指数（2000 年基期）＝GDP（1978 年基期)/27699.870。

附录2 空间面板模型 STATA 软件操作代码

cd C:\Users \Administrator \Desktop \空间计量文件//设定默认路径

xtset id year//设定面板格式

spatwmat using w.dta,name(w)standardize//将空间权重矩阵标准化

matrix listw//查看权重矩阵

sum y x1 x2 x3 //描述性统计

全局空间相关性 moran 指数测算

preserve

keep if year = =2004

spatgsa y,weights(w)moran twotail

restore

局部空间相关性

spatwmat using w.dta,n(w)standardize

preserve

keep if year = =2004

splagvar y,wname(w)wfrom(Stata)moran(y)plot(y)

restore

第一步:构建用于模型判断的扩大空间权重矩阵

```
clear all
use w
spcs2xt d1 - d3,matrix(kuoda)time(22)
```

第二步:通过 LM 检验判断使用何种空间计量模型

```
spatwmat using kuodaxt,name(w)
use a
xtset id year
reg y x1 x2 x3
spatdiag,weights(w)
```

第三步:hausman 判断应该使用固定效应还是随机效应

```
spatwmat using w,name(w)standardize
xsmle y x1 x2 x3, fe model(sdm)wmat(w)nolog noef-
fects type(both)
    est store fe
xsmle y x1 x2 x3, re model(sdm)wmat(w)nolog noef-
fects type(both)
    est store re
    hausman fe re
```

第四步:用 LR 检验判断使用何种固定效应模型

```
spatwmat using w,name(w)standardize
xsmle y x1 x2 x3, fe model(sdm)wmat(w)nolog noef-
fects type(ind)
    est store a1
xsmle y x1 x2 x3, fe model(sdm)wmat(w)nolog noef-
```

```
fects type(time)
    est store a2
    xsmle y x1 x2 x3,fe model(sdm)wmat(w)nolog noef-
fects type(both)
    est store a3
    lrtest a3 a1,df(8)
    lrtest a3 a2,df(8)
```

第五步:用 LR 检验判断空间杜宾的双固定效应是否优于空间误差和空间滞后

```
spatwmat using w,name(w)standardize
xsmle y x1 x2 x3,fe model(sar)wmat(w)type(both)
nolog noeffects
    est store b1
    xsmle y x1 x2 x3,fe model(sem)emat(w)type(both)
nolog noeffects
    est store b2
    xsmle y x1 x2 x3,fe model(sdm)wmat(w)type(both)
nolog noeffects
    est store b3
    lrtest b3 b1
    lrtest b3 b2
```

基准回归(以空间杜宾为例)

(1)时间和地点双固定效应

```
xsmle y x1 x2 x3,fe model(sdm)wmat(w)nolog noef-
fects type(both)
```

（2）个体固定效应

```
xsmle y x1 x2 x3,fe model(sdm)wmat(w)nolog noef-
fects type(ind)
```

（3）时间固定效应

```
xsmle y x1 x2 x3,fe model(sdm)wmat(w)nolog noef-
fects type(time)
```

（4）随机效应

```
xsmle y x1 x2 x3,re model(sdm)wmat(w)nolog noef-
fects type(both)
```

空间效应分解（以空间杜宾为例）

（1）时间和地点双固定效应

```
xsmle y x1 x2 x3,fe model(sdm)wmat(w)nolog effects
type(both)
```

（2）个体固定效应

```
xsmle y x1 x2 x3,fe model(sdm)wmat(w)nolog effects
type(ind)
```

（3）时间固定效应

```
xsmle y x1 x2 x3,fe model(sdm)wmat(w)nolog effects
type(time)
```

（4）随机效应

```
xsmle y x1 x2 x3,re model(sdm)wmat(w)nolog effects
type(both)
```

附录3 《关于加强科技创新促进新时代西部大开发形成新格局的实施意见》

为深入贯彻落实《中共中央 国务院关于新时代推进西部大开发形成新格局的指导意见》，推动西部地区加快实施创新驱动发展战略，大幅提升区域和地方科技创新效能，支撑新时代西部大开发形成新格局，提出如下实施意见。

一、总体要求

以习近平新时代中国特色社会主义思想为指导，深入贯彻落实党的十九大和十九届二中、三中、四中、五中全会精神，按照党中央、国务院的决策部署，统筹推进"五位一体"总体布局，协调推进"四个全面"战略布局，坚持新发展理念，坚定实施创新驱动发展战略和人才强国战略，以推进西部地区全面建设创新型省份为主线，培育全国及区域性科技创新高地，提升企业科技创新能力，加强开放创新合作，支持加快实施一批事关产业发展核心技术与重大民生保障的科技创新行动，全面提升西部地区创新能级，形成与西部大开发相适应的"中心带动、多点支撑、开放合作、协同创新"的区域创新格局，为西部大开发和建设创新型国家提供有力支撑。到2025年，西部地区创新环境明显改善，创新能力不断增强，创新产业加快发展。到2035年，西部地区创新格局明显优化，形成以科技创新引领大保护、大开放、高质量发展的新格局，有力支撑解决区域发展不平衡不充分问题，推动西部地区成为构建国内大循环为主体、国内国际双循环相互促进新发展格局的战略支撑。

二、打造各具特色的创新高地，提升区域科技创新能力

（一）支持成渝科技创新中心建设。研究制定成渝科技创新融合发展专项规划，重点支持布局超瞬态物质科学实验装置、长江流域地表过程与生态环境模拟实验系统等重大科技基础设施，培育建设川藏铁路等国家技术创新中心，加快成都国家新一代人工智能创新发展试验区建设，着力打造综合性国家科学中心。支持建设成渝西部科技城，提升重庆科学城、成都科学城建设水平，支持绵阳科技城探索建立区域科技创新特区的科学路径。推动重庆、成都自主创新示范区建设。

（二）支持西安全国重要科研和文教中心建设。发挥西安与咸阳一体化的创新基础条件优势，重点支持打造全国重要科研和文教中心。优先布局建设阿秒光源等重大科技基础设施，培育建设稀有金属材料等国家技术创新中心，通过国家科技计划加大对电子信息、高端装备、航空航天、能源化工、先进材料等领域前沿核心技术攻关的支持力度，为解决国家战略领域和产业发展关键瓶颈问题提供支撑。

（三）打造区域各具特色的创新高地。面向国家科技重大战略实施和区域高质量发展要求，完善创新型省份分类建设指标体系，引导西部地区全面开展创新型省份建设，支持有条件的地区创建一批创新型城市、创新型县（市），发挥西宁、南宁、昆明、贵阳、银川、呼和浩特、拉萨等创新型城市的带动作用，加快提升克拉玛依、德阳等区域特色地级市创新能力，探索差异化的创新发展路径，构建各具特色的区域创新高地，打造创新驱动新旧动能转换的动力系统。

三、加快提升企业创新能力，支撑西部地区现代产业技术体系发展

（四）加大科技型企业培育力度。聚焦西部地区壮大科技型企业规模和提升企业创新能力的需求，支持实施高新技术企业培育计划，研究进一步加大高新技术企业税收优惠力度，引导加大对高新技术企

业发展的支持。支持企业与高校、科研院所联合建立新型研发机构，加强西安、成都、兰州等地区公共技术服务平台建设，为中小企业创新活动提供技术供给和研发服务支撑。实施"科技型中小企业成长路线图计划2.0"，促进企业与投资机构、金融机构对接，支持西部优质企业通过"新三板"、科创板上市融资。

（五）大力推进高新区高质量发展。推动西部地区全面落实国务院《关于促进国家高新技术产业开发区高质量发展的若干意见》，加大对西部地区高新区培育建设的支持力度，有序推进百色、延安、遵义、宜宾等省级高新区"以升促建"。发挥高新区创新发展核心承载区的作用，重点支持新疆、青海、西藏、宁夏等地区加快特色农牧业、生物医药等创新型产业集群发展，支持重庆、陕西、四川等地区加快能源化工、国防军工、电子信息等创新型产业集群发展，支持内蒙古加快煤炭产业绿色发展与新材料创新型产业集群发展。支持东部地区高新区在西部地区建设"飞地"，支持东西部高新区"结对子"形成创新合作联盟，提升产业协同创新能力和全产业链竞争力。

（六）实施西部地区"双创"升级行动。大力推动西部地区开展科技型创新创业，鼓励地方政府出资设立创业投资引导基金或申请设立国家科技成果转化引导基金创业投资子基金，积极引导科研人员创办科技型企业，加快科技成果转化，引领"双创"升级。鼓励西部地区龙头企业建立专业化众创空间，面向初创科技型企业积极开放产业链供应链资源，促进大中小企业融通发展。支持打造重庆市环大学创新生态圈、成都市环高校知识经济圈、西安丝路起点文化创新圈等创新创业集聚区，推动科技企业孵化器、众创空间等创新创业孵化载体专业化发展。

（七）实施西部地区科技成果转移转化行动。加快完善西部地区技术转移体系建设，支持新建一批国家科技成果转移转化示范区，加大对国家技术转移西北中心、国家技术转移西南中心建设支持力度，加快构建区域科技成果转化协同骨干网络。支持高校和科研院所建立专业化技术转移机构，培育高层次技术经理人队伍，促进西部科教资源实现当地转化。鼓励与发达地区高校、科研院所建立科技成果转化对接机制，实施科研人员、科技专家西部行和科技成果直通车行动，对西部地区特别是边疆民族地区发展急需的成果加大转化支持力度。

四、实施西部地区现代农业与民生保障科技创新行动

（八）开展西部地区乡村振兴创新行动。聚焦乡村振兴战略和脱贫攻坚重大任务，重点支持西藏、青海等地区开展高寒地区农牧业及生态旅游等关键核心技术攻关与示范推广，支持四川、贵州、广西等地区开展山地特色高效农业技术攻关与示范推广，支持甘肃、陕西、宁夏、内蒙古、新疆等地区开展干旱半干旱农业技术攻关与示范推广。完善西部地区农业科技园区布局，加快推动国家农业科技园区建设，鼓励加强省级农业科技园区建设。支持有条件的地区培育建设国家农业高新技术产业示范区，进一步提升杨凌示范区建设水平。

（九）开展西部地区科技惠民行动。聚焦重大民生问题，支持开展西部地区常见慢性病地方病发病规律与诊疗方法研究，低成本诊断仪器、特种治疗装备研发与示范推广，加大对先进技术在西部地区公共卫生系统推广应用的支持力度。支持云南、贵州、西藏等地区开展道地中药材种质资源保护、繁育、种植和民族医药等相关研究，促进民族医药产业发展。支持"智慧边防"关键技术研发与示范，加强大数据、遥感、北斗导航等技术推广应用。支持敦煌等地开展文物保护与修复关键技术研究与示范应用。

（十）开展美丽西部科技支撑行动。聚焦生态文明建设任务部署，支持加强青藏高原生态屏障、黄土高原—川滇生态屏障、北方防沙带和南方丘陵山地带等重点地区生态保护技术集成研究与示范，支持相关优势学科培育建设国家重点实验室，建设一批国家野外观测台站。支持第二次青藏高原综合科学考察成果在西部生态文明建设中发

挥支撑作用。实施长江黄河环境综合整治科技专项，支持成渝地区和汾渭平原大气污染联防联控技术攻关与示范应用，支撑长江、黄河流域生态保护和高质量发展。加快国家可持续发展议程创新示范区建设，提升国家可持续发展实验区建设水平。

五、构建多层次科技合作平台，提升西部地区开放创新能力

（十一）支持开展东西部科技合作。进一步加强科技支宁、科技入滇、科技兴蒙、科技援疆、科技援藏、科技援青等东西部科技合作重点工作。创新东西合作机制，深化甘肃与上海张江合作、新疆"四方"合作、贵州与北京中关村合作，支持西部地区人才引进、项目落地、平台建设、资源聚集，提升西部地区创新发展能力。推动京津冀、粤港澳大湾区、长三角等国家战略区域与西部地区建立科技创新合作机制。

（十二）支持参与"一带一路"科技合作。发挥西部地区区位优势，支持构建"一带一路"国际科技合作平台网络，提升开放合作能力。重点支持成渝共建"一带一路"科技创新合作区，支持云南打造面向南亚、东南亚的科技创新辐射中心，支持广西建设中国—东盟科技合作中心，支持内蒙古建设中蒙技术转移中心，推动新疆加快丝绸之路经济带核心区文化科教中心（科技中心）建设，支持西藏开展面向南亚陆路通道的科技合作，积极推进中巴、中阿、中匈技术转移中心建设。

六、保障措施

（十三）深化科技体制改革。支持西部地区加快科技体制机制创新，在西部地区开展赋予科研人员职务科技成果所有权或长期使用权试点工作，落实扩大科研经费使用自主权政策，扩大高校和科研院所工资分配自主权。

（十四）强化引才引智保障。支持各类人才计划向西部地区倾斜，助力西部吸引、激励和留住人才。鼓励西部地区探索对高层次、紧缺人才实行年薪制、协议工资制和项目工资制，推动西部地区完善外籍人才分类评价标准，为外籍高层次人才提供工作许可办理绿色通道。

（十五）加大创新投入。构建多元化投入机制，鼓励西部地区提高地方财政科技支出。引导金融机构在西部地区设立服务科技型企业的科技支行或科技金融事业部等专营机构。通过中央引导地方科技发展资金支持西部地区科技创新。将广西、重庆、四川、西藏、青海、宁夏等纳入国家自然科学基金区域创新发展联合基金，加强对西部地区的人才队伍培养和支持。

（十六）统筹落实工作任务。科技部牵头建立任务落实统筹协调机制，建立区域联席会议机制，深化部省会商机制。西部地区各省（自治区、直辖市）是实施主体，要细化各项任务，建立项目台账和落实任务清单。建立区域科技创新监测与评价体系，推进实施意见各项任务的落实。

附录 4 《"十四五"东西部科技合作实施方案》

东西部科技合作是完善区域科技创新体系，推动区域和跨区域协同创新的重要举措，对于提升西部地区创新能力和解决发展不平衡不充分问题具有重要意义。为深入实施创新驱动发展战略和区域协调发展战略，进一步推进东西部科技合作，加快实现科技自立自强，支撑引领经济社会高质量发展，特制定本实施方案。

一、总体要求

以习近平新时代中国特色社会主义思想为指导，全面贯彻落实党的十九大和十九届历次全会精神，立足新发展阶段，贯彻新发展理念，构建新发展格局，推动高质量发展，聚焦国家科技战略与区域发展重大需求，坚持政府引导、市场主体、要素融通、合作共赢，深化跨区域科技合作机制，健全东西部科技合作体系，激发企业、高校、科研院所等各类创新主体的活力，引导创新要素跨区域有序流动和高效集聚，推动资源共享、人才交流、平台联建、联合攻关、成果转化和产业化，形成优势互补、高效协同的跨区域科技创新合作新局面。到 2025 年，西部地区科技创新能力显著提升，东部地区科技创新外溢效应更加明显，创新链产业链跨区域双向融合更加紧密，科技创新对经济社会高质量发展的引领作用显著增强，有力支撑构建以国内大循环为主体、国内国际双循环相互促进的新发展格局。

二、重点任务

（一）实施"科技援疆"，塑造新疆创新发展优势

1. 支持新疆重点领域碳达峰碳中和技术联合攻关。聚焦碳达峰碳中和目标，发挥多部门、多地区协同攻关优势，支持新疆实施能源

清洁利用与碳达峰碳中和科技行动，开展煤炭清洁利用、智能化风力发电机组、储能、新能源微电网等先进能源技术研发与示范应用，开展战略矿产、化工等行业绿色低碳技术开发与成果转化，支撑引领新疆绿色发展。

2. 推动新疆棉花、林果特色农业创新发展。支持新疆与中国农业科学院等联合开展良种培育、数字化棉田、智慧农场等技术攻关，提升高效节水和机械化采收装备技术水平，培育相关国家级技术创新平台。强化林果种质资源收集保护利用，开展农产品冷链物流、保鲜和质量追溯体系研发与示范，推进数字技术在林果农业产业链中的融合应用。

3. 打造丝绸之路经济带区域科技创新高地。深化科技援疆及"四方合作"机制，支持新疆加快丝绸之路经济带创新驱动发展试验区、乌昌石国家自主创新示范区建设，联合建设丝绸之路创新发展研究院、高水平智库等创新平台。

（二）实施"科技援藏"，支撑建设美丽幸福西藏

1. 构建青藏高原生态保护系统性技术解决方案。组织全国生态保护优势科研力量，加快实施第二次青藏高原综合科学考察，支持构建碳储量评估与碳中和监测体系，建设青藏高原综合科学研究中心和科学数据中心，联合开展西藏脆弱生态保护研究及衍生产业培育，形成生态保护系统性技术解决方案，提升西藏可持续发展科技支撑能力。

2. 加快西藏特色农牧业科技成果转化。支持西藏联合中国农业科学院、行业龙头企业等组建创新联合体，共同开展青稞、牦牛等特色农牧业应用基础研究、技术开发、成果转化，共建青稞和牦牛种质资源与遗传改良国家重点实验室，提高西藏现代化育种、健康种植养殖、高附加值农产品开发能力，促进西藏特色农牧业高质量发展。

3. 提升高原医学和藏医药创新发展水平。推动拉萨与东部地区创新型城市、国家高新区结对子,深化在高原医学和藏医药领域的产学研用合作,开展高原人群健康保障科研攻关,加强藏药材资源保护、藏药新药开发等研究,提升西藏临床医学水平和民族医药企业创新能力。开展科技兴藏人才培训和"科普援藏",加大对西藏相关县对口帮扶力度。

(三) 实施"科技援青",共建青藏高原生态文明高地

1. 实施三江源生态保护科技工程。推动青海与长江流域及沿黄河省区建立三江源生态保护科技创新联盟,共同开展三江源地区水资源涵养、生态修复、退化土地治理等技术研究,共建青藏高原野外综合科考基地和海南藏族自治州国家可持续发展实验区,实施生态修复、清洁能源利用等技术集成与示范推广,发挥三江源国家公园示范引领作用。

2. 打造世界级盐湖产业基地。深化青海与天津、山东、安徽、重庆等省市合作,健全盐湖产业上下游协同创新机制,提高盐湖钾、镁、锂等资源高值化开发利用技术与产业化水平,增强盐湖化工企业创新发展能力,推动数字盐湖、智慧盐湖建设,加快海西盐湖化工特色循环经济创新型产业集群发展,提升盐湖产业竞争力。

3. 提升"青字号"农畜产品产业化技术水平。支持青海联合中国农业科学院及江苏、四川、甘肃、西藏等地方开展冷水鱼、枸杞等"青字号"农畜产品原料生产和精深加工全产业链技术研究与示范推广,培育农业领域技术创新中心,建设智慧化创新创业服务平台,提升西宁、海东等国家农业科技园区建设水平,促进青海特色农牧业一二三产融合发展。

(四) 实施"科技入滇",助力西南边疆多民族地区创新发展

1. 提升西南生物多样性保护技术水平。支持云南联合东部省市开展高原湖泊生态保护与污染治理科技攻关,共建高黎贡山跨境生物多样性野外观测研究站和高水平创新平台,开展高黎贡山生物多样性保护、野生动物病原传播监测与风险评价、种质资源保存等技术研究，构建西南生物多样性与跨境生物安全监测预警体系，促进云南生物多样性保护。

2. 建设滇中清洁能源创新高地。支持云南昆明、玉溪、楚雄等国家高新区与中关村、张江和深圳等国家高新区结对共建，深化"水—风—光"多能互补、储能、智慧能源等清洁能源领域研究合作，开展稀贵金属、绿色铝硅等产业核心技术攻关，建设特色产业创新发展集聚区，支撑云南打造"世界光伏之都"。

3. 高水平建设临沧国家可持续发展议程创新示范区。集聚东西部科研力量，开展滇西南边疆民族地区文化资源保护与传承利用理论方法、多样性文化资源数字化保护与传承利用技术研究，促进民族文化融合发展。聚焦临沧蔗糖全产业链，开展先进工艺与装备研发，构建高端化、绿色化蔗糖产业体系。及时总结推广示范区建设经验，发挥示范带动效应。

（五）实施"科技支宁"，建设东西部科技合作引领区

1. 科技支撑宁夏重点产业提质增效。支持宁夏联合中国农业科学院以及东部省市，开展枸杞、葡萄酒、奶业、肉牛和滩羊等特色产业技术攻关，共建光伏制造、氢能生产、储能蓄能、节能降碳等领域研发中试和成果转化平台，推动"高精尖、小规模、定制化、非标准"特色产业集群发展，树立"非标制造"宁夏标签，拓展承接产业转移新空间。

2. 推动宁夏科技园区跨区域合作。支持宁夏科技园区探索以"整体外包""特许经营"等形式引入东部省市战略投资者、专业化园区运营商，与东部省市园区结对发展，加强新技术、新成果共享共用。鼓励宁夏以共建园区、建立"飞地园区"、设立分园区等形式与东部省市联动发展，深化产业链供应链合作。

3. 深化宁夏引才引智交流合作。探索西部地区引才引智新机制，支持宁夏推广闽宁合作经验,制度化安排东部省市科研人员、团队到宁夏开展科技服务,与东部地区互派农业科技推广人员。实施"现代学徒制",引导高等学校毕业生到宁夏企业就业。支持宁夏用人单位设立"人才飞地",各类科技计划、科技奖励向柔性引进的高层次人才开放。

(六) 实施"科技兴蒙",支撑内蒙古走生态优先绿色发展道路

1. 科技支撑北方重要生态安全屏障建设。支持内蒙古联合沿黄河省区启动实施"黄河流域内蒙古段生态综合保护""内蒙古生态环境综合治理"等科技专项,联合开展"一湖两海"生态保护技术攻关和科技成果转化应用,实施大兴安岭森林碳汇、北方防沙带生态保护、退化草原修复等技术集成示范,为生态安全屏障建设提供系统性技术解决方案。

2. 科技促进内蒙古能源资源绿色转型。依托呼包鄂创新型城市群,支持内蒙古联合东部省市开展稀土资源绿色开采、功能材料开发、固体废弃物综合利用等领域关键技术研发与产业化,共同开展大规模储能、氢能、智能电网等清洁能源技术开发与成果转化应用,推动内蒙古能源资源绿色低碳转型,支撑国家重要能源和战略资源基地建设。

3. 科技引领内蒙古现代农牧业发展。支持建立内蒙古农业科技园区与黄河三角洲农业高新技术产业示范区合作联盟,推动高校、科研院所、企业开展跨区域联合攻关,提升马铃薯、向日葵、玉米、牛羊等内蒙古特色农牧业产业技术水平,打造内蒙古地理标志农牧产品品牌。

(七) 深化跨区域结对合作,增强区域高质量发展新动能

1. 实施贵州数字创新结对合作。推动"科技入黔",深化贵阳与中关村国家自主创新示范区科技合作,推动人工智能、区块链、智能制造等领域科技成果在贵州转化应用和创新创业,共建公共大数据国家重点实验室，助推贵州数字经济高质量发展。深化"广东研发＋贵州制造"合作模式，联合开展技术研发、成果转化。

2. 深化甘肃兰白—上海张江科技创新结对合作。完善"三方合作"机制，支持兰白国家自主创新示范区与张江国家自主创新示范区协同发展，共建联合实验室、开放创新合作平台、绿色技术银行，支持兰州加快生物医药、新能源、新一代信息技术等产业创新发展。支持甘肃优化创新创业生态，与上海建立高端人才双聘机制，促进人才柔性流动。

三、保障措施

（一）健全协调推进机制

科技部、教育部、工业和信息化部、自然资源部、生态环境部、国资委、中国科学院、工程院、中国科协联合建立东西部科技合作协调推进机制，协调有关部门和地区加强与西部地区的科技合作，促进部门、地方、有关单位的对接和沟通，形成推动东西部科技合作工作合力。

（二）落实地方主体责任

各省（自治区、直辖市）科技管理部门要履行主体责任，西部省区科技管理部门要制定落实方案，建立横向协同、上下联动工作机制，强化资源配置，确保任务落实到位。鼓励各省（自治区、直辖市）科技管理部门会同财政部门结合本地区科技改革发展规划和有关政策，按规定通过中央引导地方科技发展资金支持东西部科技合作相关工作。

（三）强化绩效评估导向

建立东西部科技合作绩效评估制度，委托中国农村技术开发中心长期跟踪分析东西部科技合作实施情况，对重点任务落实质量和成效进行定期评估。及时总结东西部科技合作好做法、好案例，宣传推广一批可复制的经验。

主要参考文献

[1] 白雪飞，杜娟．自主创新与高质量发展的互动机理与实证研究 [J]．技术经济与管理研究，2019 (9)：39－44.

[2] 包则庆，林继扬．技术创新、工资增长与产业结构升级：基于 PVAR 模型的动态分析 [J]．东南学术，2020，(3)：172－180.

[3] 毕克新，付珊娜，杨朝均，等．制造业产业升级与低碳技术突破性创新互动关系研究 [J]．中国软科学，2017，(12)：141－153.

[4] 蔡德发，傅彬瑶．多层次灰色评价法在产业升级程度评价中的应用与验证：以黑龙江省为例 [J]．哈尔滨商业大学学报，2011，(1)：118－123.

[5] 蔡玉蓉，汪慧玲．创新投入对产业结构升级的影响机制研究：基于分位数回归的分析 [J]．经济问题探索，2018，(1)：138－146.

[6] 陈涛．基于 AHP 与 DEA 的组合方法确定指标权重 [J]．科学技术与工程，2007，(11)：64－66.

[7] 陈晓红．区域技术创新能力对经济增长的影响：基于中国内地 31 个省市 2010 年截面数据的实证分析 [J]．科技进步与对策，2013，30 (2)：36－40.

[8] 杜立民，王如琦，肖赵华．生态创新对长三角地区生态经济的影响 [J]．资源科学，2021，43 (10)：1961－1975.

[9] 高素英，钦彦祥，张烨．创新投入影响产业结构优化升级

路径分析：基于本地效应与多元空间溢出效应 [J]. 科技进步与对策，2017，(19)：60 – 67.

[10] 高铁梅. 计量经济分析方法与建模：EViews 应用及实例 [M]. 北京：清华大学出版社，2006.

[11] 高振娟，赵景峰. 创新驱动经济内循环的效应分析与路径选择 [J]. 经济体制改革，2022 (1)：195 – 200.

[12] 郭景福. 边疆民族地区发展机制创新及特色产业富民路径优化 [J]. 中南民族大学学报（人文社会科学版），2021，(9)：41 – 46.

[13] 韩健，李江宇. 数字经济发展对产业结构升级的影响机制研究 [J]. 统计与信息论坛，2022，37 (7)：13 – 25.

[14] 胡玉霞，潘思. 甘肃产业结构优化升级的影响因素与对策研究 [J]. 商场现代化，2012，(10)：119 – 120.

[15] 黄东辉. 边疆民族地区经济发展路径研究：基于西藏自治区的分析 [J]. 贵州民族研究，2021，(5)：80 – 88.

[16] 黄海清，魏航. 我国高技术企业产业结构升级的影响研究 [J]. 财经理论与实践，2022，(1)：123 – 130.

[17] 黄文正. 人力资本积累与产业结构升级的关系：基于 VAR 模型的实证分析 [J]. 经济问题探索，2011，(3)：24 – 27.

[18] 纪荣芳. 主成分分析法中数据处理方法的改进 [J]. 山东科技大学学报（自然科学版），2007，(5)：96 – 98.

[19] 纪玉俊，李超. 创新驱动与产业升级：基于我国省际面板数据的空间计量检验 [J]. 科学学研究，2015，(11)：1651 – 1659.

[20] 洁安娜姆. 西藏人力资本结构与产业结构协同发展对策分析 [J]. 西藏研究，2011，(4)：92 – 103.

[21] 克莱顿·克里斯坦森，胡建桥. 创新者的窘境 [J]. 华东科技，2019 (6)：79.

[22] 黎翠梅，周莹. 数字普惠金融对农村消费的影响研究：基

于空间计量模型 [J]. 经济地理, 2021, (12): 177 - 186.

[23] 李宝元. 人力资本与经济发展 [M]. 北京: 北京师范大学出版社, 2001.

[24] 李博, 胡进. 中国产业结构优化升级的测度和比较分析 [J]. 管理科学, 2008, (4): 86 - 93.

[25] 李慧媛. 基于面板数据模型的我国产业结构优化升级的影响因素分析 [D]. 杭州: 浙江大学, 2010.

[26] 李继刚, 王荣琦, 潘琪. 影响我国产业结构优化升级的因素分析 [J]. 吕梁高等专科学校学报, 2004, (6): 51 - 53.

[27] 李丽丽. 吉林省产业结构优化升级思路研究 [D]. 长春: 东北师范大学, 2010.

[28] 李玲. 人力资本运动与中国经济增长 [M]. 北京: 中国计划出版社, 2003.

[29] 李培峰. 边疆民族地区文化产业高质量发展路径创新研究: 以新疆为例 [J]. 云南民族大学学报 (哲学社会科学版), 2020, (1): 38 - 45.

[30] 李亚玲, 汪戎. 人力资本分布结构与区域经济差距: 一项基于中国各地区人力资本基尼系数的实证研究 [J]. 管理世界, 2006, (12): 42 - 49.

[31] 廖文龙, 翁鸣, 陈晓毅, 等. 创新与经济增长: 基于区域面板数据的 bootsrtap 格兰杰因果关系检验 [J]. 科学决策, 2020 (10): 83 - 104.

[32] 林成刚. 科技项目评估指标的 AHP 赋权法 [J]. 大众科技, 2008, (5): 183 - 184.

[33] 林春艳, 李富强. 区域产业结构优化的模型构建与评价方法研究综述 [J]. 经济学动态, 2011, (8): 92 - 95.

[34] 林志达. 我国产业结构高度化进程中人力资本投资研究

［D］. 福州：福建师范大学，2012.

［35］刘灿亮，李瑞梨. 珠三角产业结构升级的对策研究［J］. 市场经济与价格，2010，(6)：24 - 26.

［36］刘林，张勇. 科技创新投入与区域经济增长的溢出效应分析［J］. 华东经济管理，2019，33 (1)：62 - 66.

［37］刘思明，张世瑾，朱惠东. 国家创新驱动力测度及其经济高质量发展效应研究［J］. 数量经济技术经济研究，2019，(4)：3 - 23.

［38］刘洋. "互联网 + "时代民族地区信息产业创新发展路径：以西藏和新疆为例［J］. 黑龙江民族丛刊，2019，(5)：38 - 42.

［39］罗默. 高级宏观经济学［M］. 苏剑，罗涛，译. 北京：商务印书馆，2004.

［40］牛旻昱，崔建华，颜玮. 论人力资本对产业结构变迁的影响机制 - 对广东地区相关数据实证研究［J］. 经济问题，2013，(6)：10 - 16.

［41］潘省初，周凌瑶. 计量经济分析软件（EViews、SAS 简明上机指南）［M］. 北京：中国人民大学出版社，2005.

［42］戚红艳. 人力资本水平与产业结构升级的内在关系研究：来自广西壮族自治区的实证检验［J］. 河南工程学院学报（社会科学版），2011，(12)：10 - 14.

［43］覃剑，张文霞. 珠三角地区产业结构变迁与优化研究［J］. 产经评论，2010，(11)：25 - 33.

［44］阮民荣. 层次分析法中残缺判断矩阵的一致性比例检验法［J］. 内蒙古民族大学学报（自然科学版），2004，(2)：61 - 65.

［45］单勤琴. 空间关联视角下协同创新对装备制造业产业结构升级的影响［J］. 系统工程，2020，(3)：17 - 26.

［46］邵燕斐，徐顽强，童国华. 省域城镇化发展动力因素与空间集聚效应：以广东省为例［J］. 统计与决策，2022，(3)：85 - 90.

［47］沈利生，朱运法．人力资本与经济增长分析［M］．北京：社会科学文献出版社，1999．

［48］师博，樊思聪．创新驱动经济高质量发展的空间效应与机制研究［J］．广西大学学报（哲学社会科学版），2021，43（2）：78－84．

［49］宋林，张杨．创新驱动下制造业的产业转型升级［J］．西安交通大学学报（社会科学版），2020，（1）：38－47．

［50］宋晓文，袁国敏．中国产业结构优化的模型分析［J］．渤海大学学报，2005，（6）：72－75．

［51］孙宝强．珠三角地区产业结构转型升级的思考［J］．上海商学院学报，2011，（7）：46－50．

［52］孙红玉，雷正，杨艳武．技术创新、地方政府行为与长期经济增长［J］．统计与决策，2022，（16）：113－117．

［53］孙伟增，牛冬晓，万广华．交通基础设施建设与产业结构升级：以高铁建设为例的实证分析［J］．管理世界，2022，（3）：19－34．

［54］汤文姬．云南资源型城市产业结构升级中的人力资本研究［D］．昆明：云南财经大学，2013．

［55］唐德祥，孟卫东．R&D与产业结构优化升级：基于我国面板数据模型的经验研究［J］．科技管理研究，2008，（5）：55－59．

［56］万志琼，邹华．民族地区产业融合创新可持续发展路径探索：以云南省临沧市临翔区为例［J］．云南民族大学学报（哲学社会科学版），2021，（5）：136－143．

［57］汪海飞．新型城镇化、服务业高质量发展与产业结构升级［J］．商业经济研究，2022，（13）：188－192．

［58］汪秀，田喜洲．人力资本和产业结构互动关系研究综述［J］．重庆工商大学学报（社会科学版），2012，（4）：28－34．

［59］王吉霞．产业结构优化升级的影响因素探析［J］．产业观察，2009，（7）：106－107．

[60] 王金营. 人力资本与经济增长理论与实证 [M]. 北京：中国财政经济出版社，2001.

[61] 王俊鹏，陈玉和，黄茂生. 区域产业结构优化评价方法 [J]. 市场论坛，2006，(3)：196 – 197.

[62] 王力南. 产业结构调整的驱动因素：人力资本投资 [J]. 统计与决策，2012，(6)：167 – 169.

[63] 王立平，鲍鹏程. 创新驱动对城市经济增长空间溢出效应的实证考察 [J]. 统计与决策，2022，38 (10)：146 – 150.

[64] 王希元. 创新驱动产业结构升级的制度基础：基于门槛模型的实证研究 [J]. 科技进步与对策，2020，(6)：102 – 110.

[65] 王怡群. 榆林人力资本发展对产业结构优化的影响研究 [D]. 西安：西安科技大学，2012.

[66] 魏喜成. 论区域产业结构优化升级的决定因素 [J]. 经济纵横，2008，(10)：22 – 24.

[67] 吴嘉琦，闵维方. 教育对产业结构升级的作用机制 [J]. 教育研究，2022，43 (1)：23 – 34.

[68] 徐鹏远. 区域产业结构优化升级及评价研究：以天津滨海新区为例 [D]. 天津：天津大学，2011.

[69] 杨娇，李刚. 创新驱动对区域经济增长的影响：基于省际面板数据的实证 [J]. 商业经济研究，2022，(14)：183 – 187.

[70] 袁航，茶洪旺，郑婷婷. 创新数量、创新质量与中国产业结构转型互动关系研究：基于 PVAR 模型的实证分析 [J]. 经济与管理，2019，(2)：78 – 85.

[71] 袁航. 创新驱动对中国产业结构转型升级的影响研究 [D]. 北京：北京邮电大学，2019.

[72] 曾瑶. 人口老龄化对产业结构升级的作用机理及区域差异研究 [J]. 上海大学学报（社会科学版），2022，(3)：128 – 140.

［73］张国强，温军，汤向俊．中国人力资本、人力资本结构与产业结构升级［J］．中国人口·资源与环境，2011，（10）：138－146．

［74］张若雪．中国人力资本、人力资本结构与产业结构升级［J］．财经科学，2010，（2）：66－74．

［75］张显扬．实施好"三大"战略努力推动自主创新［J］．决策咨询通讯，2007，（2）：21－22．

［76］张晓峒．EViews 使用指南与案例［M］．北京：机械工业出版社，2008．

［77］张晓峒．计量经济学软件 EViews 使用指南（第二版）［M］．天津：南开大学出版社，2004．

［78］张秀生，张平．中国区域产业结构演进与优化［M］．武汉：武汉大学出版社，2005，10．

［79］张延平．区域人才结构动态适配区域产业结构升级研究［D］．长沙：中南大学，2011．

［80］郑威，陆远权．创新驱动对产业结构升级的溢出效应及其衰减边界［J］．科学学与科学技术管理，2019，（9）：75－87．

［81］郑宇．当前中国边疆民族地区经济发展态势与突显问题解析［J］．西南民族大学学报（人文社会科学版），2020，（3）：1－7．

［82］钟诗韵，徐晔，谭利．双轮创新驱动对我国产业结构升级的影响［J］．管理学刊，2022，（1）：70－85．

［83］钟韵珠，刘东东．珠三角制造业的产业结构及竞争力分析［J］．产经评论，2011，（5）：61－68．

［84］周光锋．中国产业结构升级中的人力资本适配性研究［D］．济南：山东财经大学，2012．

［85］朱勇，新增长理论［M］．北京：商务印书馆，1999。

［86］Acheampong Alex O. et al. Unveiling the Effect of Transport Infrastructure and Technological Innovation on Economic Growth, Energy Consumption and CO_2 Emissions [J]. Technological Forecasting & Social Change, 2022, (9): 182 – 211.

[87] Alfred Greiner, Willi Semmler. Externalities of Investment Education and Economic Growth [J]. Economic Modelling, 2002, (19): 709 – 724.

[88] Andriole S. J. Innovation, Emerging Technology, and Digital Transformation [J]. IT Professional, 2020, 22 (4): 69 – 72.

[89] Arne Isaksen, Emelie Langemyr Eriksen, Jan Ole Rypestøl. Regional Industrial Restructuring: Asset Modification and Alignment for Digitalization [J]. Growth and Change, 2020, 10 (2): 1 – 17.

[90] Arthur W. B. Competing Technologies, Increasing Returns, and Lock-in by Historical Small Events [J]. Economy University of Michigan, 1994.

[91] Barro Robert J. Economic Growth in a Cross Section of Countries [J]. Quarterly Journal of Economics, 1991, (5): 407 – 443.

[92] Barro, Robert J. Government Spending in a Simple Model of Endogenous Growth [J]. Journal of Political Economy, 1990, (98): 103 – 125.

[93] Barro Robert J. Technological Diffusion, Convergence and Growth [J]. Journal of Economic Growth, 1997, (2): 1 – 27.

[94] Chihiro Watanabe. Global Technology Spillover and Its Impaction on Industry's R&D Strategies [J]. Technovation, 2001, (21): 281 – 291.

[95] Christiano Antonelli. Innovation as a Factor Shaping Industrial Structures: The Case of Small Firms [J]. Social Science Information, 1979, 18 (6): 877 – 894.

[96] Dasgupta Partha, Stiglitz Joseph. Uncertainty, Industrial

Structure, and the Speed of R&D [J]. The Bell Journal of Economics, 1980, 11 (1): 1 −28.

[97] Díaz Roldán Carmen, Ramos Herrera María del Carmen. Innovations and ICT: Do They Favour Economic Growth and Environmental Quality? [J]. Energies, 2021, 14 (5): 1431 −1448.

[98] Doggal. V. G. Infrastructure and Productivity: A Nonlinear Approach [J]. Journal of Econometrics, 1998, (94): 47 −74.

[99] Dolbnya E. A. et al. Digital Innovation as a Regional Economy Development Factor [J]. IOP Conference Series: Earth and Environmental Science, 2021, 666 (6): 133 −146.

[100] Feder, G. On Exports and Economic Growth [J]. Journal of Development Economics, 1983, (12): 59 −73.

[101] Franco Malerba, Luigi Orsenigo. Technological Regimes and Sectoral Patterns of Innovative Activities [J]. Industrial and Corporate Change, 1997, 6 (1): 83 −118.

[102] Gang Gong. Endogenous Technical Change: The Evolution from Process Innovation to Product Innovation [W]. National Center for Economic Research at Tsinghua University, 2002, 12: 1 −14.

[103] Grossman G, Kreuger A. Economic Growth and the Environment [J]. Quarterly Journal of Economic, 1995, 110 (2): 353 −377.

[104] Hamilton, J. D. Time Series Analysis [M]. Princeton: Princeton University Press, 1994.

[105] Islam N. What have We Learn from the Convergence Debate? [J]. Journal of Economic Surveys, 2003, 17 (3): 309 −362.

[106] Izani, Ibrahim. On Exports and Economic Growth [J]. Journal Pengurusan, 2002, (2): 3 −18.

[107] J. M. Buchanan, W. C. Stubblebine. Externality [J]. Eco-

nomica，1962，（11）：371 – 384.

［108］Jones，Charles I. R&D：Based Models of Economic Growth ［J］. Journal of Political Economy，1995，（8）：759 – 784.

［109］Joshua C. Hall. Positive Externalities and Government Involvement in Education ［J］. Journal of Private Enterprise，2006，（11）：165 – 175.

［110］Liu，Li，Zhao. Research on the Threshold Effect of Population Aging on the Industrial Structure Upgrading in China ［J］. Chinese Journal of Population Resources and Environment，2019，17（1）：87 – 100.

［111］Loof H. A Comparative Perspective on Innovation and Productivity in Manufacturing and Services ［J］. Annan Maskinteknik，2005，（11）：181 – 202.

［112］Lucas，R. On the Mechanics of Economic Development ［J］. Journal of Monetary Economics，1988，（22）：3 – 42.

［113］Masakazu Katsumoto，Chihiro Watanabe. External Stimulation Accelerating a Structure Shift to Service Oriented：A Cross Country Comparison ［J］. Journal of Services Research，2004，（4）：91 – 111.

［114］Maudos J，Pastor J. M，Serrano L. Explaining the US – EU Productivity Gap：Structural Change vs. Intra-sectoral Effect ［J］. Economics Letters，2008，100（2）：311 – 313.

［115］Michael Porter. Competitive Advantage of Nations ［J］. Competitive Intelligence Review，1990，1（1）：14 – 14.

［116］Ngai L. R，Pissarides C. A. Structural Change in a Multisector Model of Growth ［J］. The American Economic Review，2007，97（1）：429 – 443.

［117］Romer，P. M. Endogenous Technological Change ［J］. Journal of Political Economy, 1990, 98 (5): S71 – S102.

[118] Romer, P. M. Growth Based on Increasing Returns Due to Specialization [J]. The American Economic Review, 1987, 77 (2): 56 – 62.

[119] Romer, P. M. Increasing Returns and long – Run Growth [J]. Journal of Political Economy, 1986, 94 (5): 1002 – 1037.

[120] Samuelson, P. A. The Pure Theory of Public Expenditure [J]. Review of Economics and Statistics, 1954, (11): 387 – 389.

[121] Satty T. L. Decision Making: The Analytic Hierarchy and Network Process (AHP/ANP) [J]. Journal of Systems Science and Systems Engineering, 2004, 13 (1): 6 – 15.

[122] Schumpeter J. A. Capitalism, Socialism, and Democracy [J]. Political Studies, 2009, 27 (4): 594 – 602.

[123] Snyder, S. K. Testable Restrictions of Pareto Optimal Public Goods Provision [J]. Journal of Public Economics, 1999, (1): 97 – 119.

[124] Solow, Robert. M. A Contribution to the Theory of Economic Growth [J]. Quarterly Journal of Economics, 1956, 70 (1): 65 – 94.

[125] Solow, Robert. M. Technical Change and the Aggregate Production Function [J]. The Review of Economics and Statistics, 1957, 39 (3): 312 – 320.

[126] Suki Norazah Mohd, et al. The Paradigms of Technological Innovation and Renewables as a Panacea for Sustainable Development: A Pathway of Going Green [J]. Renewable Energy, 2022, (181): 1431 – 1439.

[127] Tiebout, Charles. M. A Pure Theory of Local Expenditure [J]. Journal of Political Economy, 1956, (64): 416 – 426.

[128] Varum C. A. et al. R & D, Structural Change and Productivi-

ty: The Role of High and Medium-High Technology Industries ［J］. Economia Aplicada, 2009, 13（4）: 399 – 424.

［129］Wu N, Liu Z. K. Higher Education Development, Technological Innovation and Industrial Structure Upgrade ［J］. Technological Forecasting and Social Change, 2021, （162）: 120 – 144.